Gabriel Eckert

An das gelehrte Publikum

wegen der Mannheimer Herausgabe der Werke Shakespeares

Gabriel Eckert

An das gelehrte Publikum
wegen der Mannheimer Herausgabe der Werke Shakespeares

ISBN/EAN: 9783743624382

Hergestellt in Europa, USA, Kanada, Australien, Japan

Cover: Foto ©ninafisch / pixelio.de

Weitere Bücher finden Sie auf **www.hansebooks.com**

Gabriel Eckert

der kuhrfürstlichen Herrn Edelknaben in Mannheim Professor

an

das gelehrte

Publikum

wegen der

Mannheimer Herausgabe

der

Werke Shakespears.

Mannheim, 1780.

Vorbericht.

Ich bin es der Ehre des Inſtituts, der Herausgabe der ausländiſchen ſchönen Geiſter, der Ehre Deutſchlands, der Pfalz und meiner eigenen ſchuldig, von meiner Arbeit Rechenſchaft zu geben, und ſie gegen die Beſchuldigungen der Feinde dieſer gegenwärtigen Ausgabe Shakespears zu vertheidigen.

Die Herrn Orell, Geßner und Füßlin, behaupteten öffentlich, daß unſere Ausgabe der ihrigen von Wort zu Wort nachgedruckt wäre, daß jeder Kenner einſehen könne, daß ihre letzte Ausgabe dieſer Werke keiner Verbeſſerungen bedörfe. Herr Wieland und Eſchenburg, ſagten ſie, haben dabey

A 2

gethan, was in ihren Kräften stund. Sie könnten sich dem ganzen Rheine nach die Köpfe nicht denken, die es besser machen würden.

Das erste heißt doch wohl dem ganzen deutschen Publikum die offenbarste Unwahrheit unter das Angesicht sagen.

Ein einziger Blick auf die wichtigen Verbesserungen, die schon dem ersten und zweyten Band unserer Ausgabe sind beigedruckt worden, kann diese Herrn von der Ungereimtheit ihres Vorgebens überführen, und hätte sie gleich Anfangs überzeugen können, wie groß der Unterschied zwischen beiden Ausgaben am Ende seyn werde.

Daß die Herrn Wieland und Eschenburg bey Uebersetzung der Werke Shakespears alles gethan haben, was in ihren Kräften war, glaube ich gerne; daß aber diese Uebersetzung keiner Verbesserung bedörfen soll, zeugt von einer Unwissenheit,

die um desto auffallender ist, da sie von ei=
nem Ausdrucke begleitet wird, der für Völ=
ker, bey denen Künste und Wissenschaften
blühen, beleidigend ist.

Wer berechtigt diese Männer, einer
edeln Nation den Vorwurf zu machen, daß
sie sich die Köpfe nicht denken könnten, die
fähig wären eine Uebersetzung des Herrn
Wieland und Eschenburg zu verbessern?
Dies ist etwas mehr, als ein Stückchen von
der heut zu Tage im Gebiete der Wissen=
schaften und Litteratur, Leider! so gewöhnli=
chen Marktschreyerey. Es ist Schimpf und
zeugt von einer Denkungsart, die nicht die
edelste ist. Doch dieses sey alles auf Sei=
te gesetzt. Die Sache muß für sich selbst
sprechen.

Die Zahl der Stellen, die in der Mann=
heimer Herausgabe der Werke Shakespears
sind verbessert worden, belaufen sich über
tausend, worunter zum wenigsten 800 von

Wichtigkeit sind. Ich lege hier einen Theil derselben vor. Ich rufe alle Kenner der englischen Sprache zu Schiedsrichtern auf.

Man prüfe jede Stelle, man nehme die besten englischen Originalausgaben, man halte die Zürcher und die Unsrige gegen einander, man untersuche alles aufs strengste. Ich hoffe das Zeugniß zu erhalten, daß es am Rheinstrome Köpfe gebe, die auf eine bessere Art, als mit dem Wörterbuche in der Hand, mit Shakespear sind bekannt worden.

Wir haben schon in der Vorrede zu unsrer Herausgabe den Herrn Wieland und Eschenburg Gerechtigkeit wiederfahren lassen. Wir bezeugen auch hier öffentlich, daß wir nicht glauben, daß alle Fehler in der letzten Zürcher Ausgabe platterdings den Herrn Uebersetzern beyzumessen sind. Sie hatten vermuthlich nicht alle bessere englische Ausgaben vom Shakespear bey der Hand;

es war ihnen also öfters nicht möglich die
beste Leseart herauszubringen; auch glaube
ich schwerlich, daß einer von ihnen jemals
diese Stücke selbst in England von den be=
sten Schauspielern habe aufführen sehen,
um durch die theatralische Handlung und
den Ausdruck des Schauspielers sich in den
wahren Sinn und Geist des Dichters zu
versetzen, und so seine Gedanken in eine
andere Sprache zu übertragen. Allein aus
Mangel dieser beyden Stücke geschah es, daß
oft das, was sie sagten, entweder gradezu
Unsinn war, oder doch wenigstens für einen
deutschen Leser ewig unverständlich blieb.

Die hier folgenden Verbesserungen wer=
den auf manche dergleichen Stellen hinwei=
sen. Aber ich bitte nicht immer nach dem
ersten Anblicke zu urtheilen, sondern die
Stellen in den Schauspielen selbst nachzu=
schlagen, um sich von der Wichtigkeit meiner
gemachten Verbesserungen zu überzeugen.

Einige der weniger merkwürdigen habe ich mit Fleiße hier eingerückt, um einen Beweis zu geben, mit welcher Genauigkeit ich alles erforscht, und mit welchem Fleiße ich gearbeitet habe.

Besitzen die Herrn Zürcher Herausgeber Sprachkenntniß und kritische Einsicht genug, um ihr Unrecht einzusehn: so hoffen wir, daß sie mit Bescheidenheit widerrufen.

Thun sie dieses nicht, so mögen sie sich gefaßt machen, zu sehn, daß alle Schriften ausländischer schönen Geister, die sie aufgelegt haben, und die sie künftig drucken werden, die ersten seyn sollen, die vor allen andern Werken zur Verbesserung vorgenommen, und zu neuen verbesserten Auflagen sollen befördert werden.

Nota: Siehe die Verbesserungen zu den vier ersten Stücken im ersten und zweyten Band, schon besonders abgedruckt.

Der Kaufmann von Venedig.

Dritter Band.

10 S. 9 Z. Mein ganzes Vermögen hängt nicht von dem Glücke dieses gegenwärtigen Jahres ab;

– – nor is my whole estate,
Upon the fortune of this present year.

Z. A. Mein ganzes Vermögen hängt nicht einmal von dem Glücke eines einzigen Jahres ab.

14 S. 7 Z. Fische nicht mit dieser melancholischen Lockspeise.

With this melancholy bait.

Z. A. Mit diesem melancholischen Angel. &c.

21 S. 18 Z. O! der ist ein Erzdummkopf;

Ay, that's a Dolt indeed, &c. Ist die beste Leseart; Herr Prof. Eschenburg las Ay, that's a Colt indeed, und dem zu folge übersetzte er:

O! der ist nichts als ein wildes Füllen; &c.

21 S. vorletzte Z. Ich fürchte fast, seine Frau Mama hatte sich in einen Hufschmied verliebt.

I am much afraid, my lady, his mother, play'd false with a Smith.

Z. A. Ich fürchte fast, seine gnädige Frau Mama hat sich an einem Hufschmiede versehen.

B

33 S. 16 Z.　Du weißt, zu dem sage ich nichts, denn er versteht mich nicht, und ich ihn nicht = =

You know, J say nothing to him, for he understands not me, nor J him;

'Z. A.　Du weißt, zu dem kann ich nichts sagen, denn er versteht mich nicht = =

34 S. 22 Z.　Mit flispernder Demuth = = whisp'ring humbleness.

Z. A.　Mit murmelnder Demuth = =

35 S. 3 Z.　So viel Geld leihen = = thus much moneis.

Z. A.　Desto mehr Geld leihen, 2c.

35. S. 14 Z.　Wie sie stürmen! = = = how you storm!

Z. A.　Wie? sind Sie böse? = =

38 S. 15 Z.　Die eben so gekleidet sind; ist in der Z. A. ausgelassen.

38 S. vorletzte Z.　Der brennenden Sonne, von der ich ein Nachbar, und an der ich ganz nahe aufgewachsen bin.

Of the burning sun,
To whom Jam a neighbour, and near bred.

Z. A.　Unter deren Augen ich aufgewachsen bin.
Das ist jeder Erdensohn.

53, S. 13 Z. Wenn ich nicht ein sittsames An= sehen annehme, = =

If J do not put on a sober habit – –

Z. U. Wenn ich nicht in einer ehrbaren Kleidung erscheine = =

64 S. 7 Z. Hier, fange dieses Kästchen: here catch this Casket – –

Z. A. Hier, nimm dieses Kästchen.

Nehmen konnte er es nicht, denn es wurde ihm aus einem Fenster zu geworfen, und darum sagt der Autor catch, fange = =

79 S. 20 Z. Die Nachricht erhält sich noch im= mer, daß 2c.

Why, yet it lives there uncheckt, that &c.

Z. A. Man erzählt sich einander, daß 2c.

Wie es euch gefällt.

Dritter Band.

195 S. 2 Z. Ich bin noch nicht recht im Athem.

Jam not yet well breathed.

B. A. Ich bin dieses Spiels noch nicht gewöhnt.

211 S. 14 Z. So treibt das Unglück die Fluth der Gesellschaft auseinander.

Thus misery does part the flux of company.

B. A. So treibt das Unglück die Fluth der Gesellschaft zurück.

235 S. 22 Z. Es ist ein armer alter Mann bey mir, der manchen sauren Tritt aus blosser Liebe hinter mir her gehinkt hat.

Who alter me has many a weary Step, limp'd in pure love.

B. A. Der manchen sauren Tritt aus blosser Liebe mit mir gehinkt hat.

Auf diese Art hatten sie alle beyde gehinkt.

271 S. 4 Z. Ist also der ledige Mann allein beglückt? statt: ist also der Mann allein beglückt?

Sonst ist in dem was folgt kein Sinn.

276 S. 8 Z. Er ist hier im Walde in dem Gefolge des Herzogs deines Vaters.

He attends here in the forest on the Duke your father.

Z. A. Er wartet hier im Walde dem Herzoge, deinem Vater, auf.

282 S. vorletzte Z. (Zu Phöbe;) Er hat sich in deine Häßlichkeit verliebt; (zu Silvius) und sie wird sich in meinen Zorn verlieben. Wenn dem so ist, so will ich jedem ihrer finstern Blicke auf dich mit bittern Worten bezahlen.

He's fallen in Love with your foulness, and she'll fall in Love with my anger. If it be so, as fast as she answers thee with frowning looks, I'll sauce her with bitter words.

Alles dieses hat die Z. A. in folgenden unverständlichen und gar nicht zu den übrigen passenden Worten. (leise zu Cilia) Er ist in ihre Häßlichkeit, und sie in meinen Zorn verliebt geworden. Ich will ihr für ihre Sprödigkeit eben so unfreundlich begegnen, als sie ihrem Liebhaber = = =

285 S. 20 Z. Er ist nicht gar groß, und doch ist er für sein Alter groß genug; statt: Er ist nicht gar lang, und doch ist er für sein Alter lang genug. Tall heißt groß, und für sein Alter lang genug seyn, ist nicht deutsch.

291 S. 13 Z. Was anders, als Hörner, die ihr und eures gleichen euren Weibern verdanken müsset? er aber kömmt mit seinem Schicksale bewaffnet, und ersparet seiner Frau die böse Nachrede.

Why, horns; which such as you are fain to
be beholden to your wives for; but he comes ar-
med in his fortune, and prevents the *Slander* of
his wife.

Man beliebe sich zu erinnern, daß die Rede
von einer Schnecke ist.

Z. N. Was anders, als Hörner? das, wofür ihr
so oft euren Weibern verbunden seyd. Er hingegen
kömmt schon in seiner gehörigen Rüstung, und er-
spart seinem Weibe die Mühe.

Ende des dritten Bandes.

Der Liebe Mühe ist umsonst.

Vierter Band.

19 S. 11 Z. Friede! = = = Rostard. Sey mit mir, und mit jedem, der nicht Herz hat sich zu schlagen; statt: der nicht Herz hat zu fechten.

34 S. 12 Z. Ich liebe so gar den Fußboden, ꝛc.

I affect the very ground &c.

Z. A. Ich berühre eben den Fußboden ꝛc.

Das heißt den Sinn rathen wollen, aber nicht richtig verstehen.

40 S. 15 Z. Nun, der Himmel sey mit meinen Hofdamen = =

God bleß my Ladies - -

Z. A. Nun, der Himmel segne meine Hofdamen.

Der Wunsch führt einen Nebenbegriff mit sich, der nicht im Original ist; denn *to bleß* heißt nicht bey allen Gelegenheiten segnen.

47 S. 15 Z. Wollen Sie's mit Ihren Augen stechen? statt: Wenn Sie's mit Ihren Augen stechen.

Ohne diese Aenderung hängen Frage und Antwort nicht zusammen.

50 S. 3 Z. Ja, wenn Sie mir die Weide bey Ihnen erlauben.

So you grant pasture to me.

Z. A. Sie erlauben mir also Weide bey Ihnen.

B 4

50 S. 5 Z. Meine Lippen ſind keine allgemeine Weide, ob ſie gleich zertheilt ſind.

My lips are no common, though ſeveral they be.

Z. A. Meine Lippen ſind nicht allgemein, ſondern gehören nur einer Perſon.

Das Wort *Common* iſt hier ein ſelbſtändiges Wort, und heißt eine gemeine Weide.

65 S. 11 Z. Nein, ſchminkt mich jetzt nicht.
Never paint me now.

Z. A. Nein, nun ſollt ihr mich niemals mehr ſchminken.

Das iſt ungereimt, denn der Förſter hat die Prinzeſſinn nie geſchminkt: er will nur die Meinung ſeines Ausdrucks erklären, und ſagen, daß die Prinzeſſinn ſchön iſt, und hierauf fällt ihm die Prinzeſſinn in die Rede. Schminke mich jetzt nicht.

81 S. 3 Z. Den Unwiſſenden zu Gefallen, hab ich das Wild, das die Prinzeſſinn erlegt hat, ein Rehkalb genannt.
To humour the ignorant &c.

Z. A. Mich über den Unwiſſenden luſtig zu machen, ꝛc.

To humour one, heißt nicht ſich über Jemanden luſtig machen, ſondern ihm zu Gefallen reden, thun, oder handeln.

105 S. -10 Z. Schwarz ist das Wahrzeichen der Hölle, die Farbe des Kerkers rc.

The hue of dungeons &c.

S. A. Die Farbe des Unraths s s
Was für ein Unterschied!

115. S. 19. Z. Diesen Nachmittag wollen wir ihnen irgend einen ungewöhnlichen Zeitvertreib zu verschaffen suchen, so wie es die Kürze der Zeit gestattet.

Such as the shortness of the time can shape.

Z. A. Damit sie keine Langeweile haben.

113 S. 6 Z. Voran mit euren Fahnen, rc.
Advance your Standarts, &c.

Z. A. Tragt eure Fahnen nur weiter vorwärts rc.
Wie schleppend, zumal in dieser Situation!

115 S. 7 Z. Seine Zunge scharf, s s
His tongne filed - -

Z. A. Seine Zunge ist befleckt. *Filed* heißt gefeilt, *defiled* aber besieckt.

157 S. 13 Z. Sieh doch, es wird mich gleich herausfodern.

Lo! he is tilting stralt.

Z. A. Sih doch, er wird gleich hin wanken.

Man beliebe nur das vorhergehende zu lesen, so wird einem jeden das Unrichtige deutlich einleuchten.

171 S. 14 Z. Eine Floh, a Flea, statt: eine Fliege.

Diesen Fehler hat der Herr Ueberseger sehr oft begangen.

174 S. 11 Z. Ich, für mein Theil, schöpfe freyen Athem.

For my own part, I breath free breath.

Z. A. Ich, für mein Theil, schöpfe frische Luft.

———————

Das Wintermärchen.

Vierter Band.

205 S. 15 Z. Wir wollen euch schon finden, wenn ihr anders unter dem Himmel seyd.

You'll be found, be you beneath the Sky.

Z. A. Wir wollen euch schon finden, wenn ich anders noch unter dem Himmel bleibe.

209 S. 15 Z. Ein bekehrtes Beichtkind.

A penitent reform'd.

Z. A. Ein begnadigtes Beichtkind.

212 S. 1 Z. Beym Himmel! Niemals sagten Sie etwas, das Ihnen weniger angestanden hätte als dieses.

Shrew my heart, you never spoke what did become you less than this.

Z. A. Beym Himmel! Sie sagten mir etwas, das Ihnen weniger angestanden hätte, als dieses.

Dieß mag ein Druckfehler seyn.

217 S. 10 Z. Heil dir, mein gnädigster König! statt: Willkommen, mein ꝛc.

234 S. 7 Z. Ich wünschte auch nur, mein gebietender Herr, daß Sie diese Sache allein bey sich untersucht hätten, ohne sie Jemanden zu eröffnen.

And I wifh my Liege,
You had only in your filent judgment try'd it
without any mor ouverture.

Z. A. Ich wü fchte auch nur, mein, gebietender
Herr, daß Sie di fe Sache noch länger bey sich behalten, und sie nicht gleich so öffentlich kund gemacht
hätten.

260 S. 21 Z. Was die Zusammenverschwörung
betrift, so weis ich nicht, wie sie schmeckt, wenn sie
mir schon zum K. sten vorgesetzt wird;

Now, for Confpiracy, I know not, how it
taftes, tho' it be dill'd for me to try how.

Z. A. Was Ihre Zusammenverschwörung betrift,
so gefteh ich frey, daß ich weiß, wie so etwas schmeckt,
wenn es mir vorgesetzt würde, um es zu kosten.

Gerade das Wiederspiel.

261 S. 9 Z. Ich verliere es willig, which J'll
lay down.

Z. A. Ich überlaß es Ihnen.

Der Schluß der folgenden Rede rechtfertiget
diese Aenderung.

265 S. 13 Z. Schauen Sie herunter, look down,
statt: Sehen Sie hieher, denn der König sitzt im
Gerichte auf einem erhabenen Thron.

283 S. vorletzte Z. Wenn du noch einige Liebe für
mich haft, Kamillo, so zernichte nicht alle deine ver-
gangenen Dienste dadurch, daß du mich jetzt verläffest.

Wipe not out the reſt of thy ſervices by lea-
ving me now.

Z. A. Wenn du einige Liebe für mich haſt, Kamillo, ſo zernichte nicht alle deine künftigen Dienſte dadurch, daß ꝛc.

Künftige Dienſte kann man nicht auswiſchen,
oder zernichten, denn ſie exiſtiren noch nicht; Shakeſpear ſpricht von den ſchon geleiſteten.

335 S. 22 Z. Iſt gleich der Kauf auf ſeiner Seite
der ſchlimmſte, ſieh, da haſt du noch etwas in den Kauf.

Tho' the penny worth on his ſide be the worſt,
yet hold thee, there's ſome boot.

Z. A. Iſt gleich der Kauf auf ſeiner Seite der
ſchlimmſte, ſo will ich doch wetten, daß noch ein Vortheil dabey iſt.

336 S. 6 Z. In der That, ich habe ſchon Handgeld bekommen; aber ich kann es nicht mit gutem Gewiſſen nehmen.

Indeed, I have had earneſt, but I cannot with
conſcience take it.

Z. A. In der That, ich habe ſchon Lehrgeld gegeben — aber ich kann es nicht mit gutem Gewiſſen
nehmen.

Es wird noch eine Note vom Wortſpiel hinzu-
gefügt, die ich weggeſtrichen habe, weil kein Wortſpiel da iſt.

337 S. 13 3. Daß er mit mir ihnen nachgehe; ftatt: daß er uns nachkomme: denn das letztere giebt keinen rechten Sinn.

338 S. 3 3. Welch ein herrlicher Tausch wäre das gewesen, wenn ich auch kein Aufgeld erhalten hätte! und welch ein herrliches Aufgeld noch oben drein in den Tausch!

What an Exchange had this been, without boot! what a boot is here with this Exchange.

Die 3. U. fagt hier etwas ganz anders.

Das war doch ein hübfcher Tausch, ohne Aufgeld zu geben! = = Wie viel Vortheil ich bey dem Tausche gehabt habe! = =

Ende des vierten Bandes.

Was ihr wollt, oder der heil. drey Königs=Abend.

Fünfter Band.

13 S. 19 Z. Ihre Nichte, mein gnädiges Fräulein, hat gegen Ihr spätes Ausbleiben viel zu erinnern, statt: hat gegen Ihre müßige Stunden viel zu erinnern. *Ill hours* heißt nicht müßige Stunden, sondern *to keep ill hours*, will so viel sagen, als nicht zur rechten Zeit nach Hause kommen.

14 S. vorletzte Z. Pfui! daß du so redest.

Fy, that you'll say so!

Z. A. Pfui! das sagst du nur so.

15 S. 1 Z. Und hat alle gute Gaben der Natur; statt: alle mögliche Gaben der Natur.

19 S. 15 Z. Wenn ich das wüßte, so wollt' ichs verschwören.

An I thougth that, I'd forswear it.

Z. A. Hätt' ich das gewußt, so hätt' ichs verschworen.

45 S. 2 Z. Nehmen Sie dieses zur Belohnung; statt: Nehmen Sie dieses zum Andenken.

45 S. 4 Z. Mein Herr, nicht ich, bedarf einer Belohnung.

My Master, not myself, lacks recompence.

Z. A. Mein Herr bedarf eurer Belohnung nicht. Gerade das Gegentheil!

46 S. 5 Z. Nach den Worten, Er ließ diesen Ring zurück, ich möchte ihn nehmen wollen oder nicht. Ist in der Z. A. weggelassen, sag ihm, ich mag ihn nicht.

65 S. 9 Z. Ich will hingehen, und ein Bischen Sekt warm machen. I'll go burn some Sack;

Z. A. Ich will hingehen, und ein Fäßgen Sekt anstecken.

74 S. 6 Z. Wegen einer Bärenheße, statt: ber einer Bärenheße.

101 S. letzte Z. Ich kann mich kaum erwehren, ihm alles an den Kopf zu werfen.

I can hardly forbear throwing things at him.

Z. A. Ich kann mich kaum erwehren, ihm mit allerley Dingen zu werfen. Der Ausdruck ist drolligt!

119 S. 3 Z. Dein Auflaurer, statt: dein Dollmetscher; welches die ganze Rede verwirrt macht.

123 S. 10 Z. Ich will es ihm vorschlagen. I'll make the motion.

Z. A. Ich will einmal zu ihm gehen.

151 S. letzte Z. Warum sollt' ich nicht, wenn ich nur niederträchtig genug wäre, es zu thun, gleich dem Egyptischen Diebe, vor meinem Tode tödten, was ich liebe.

Z. A. Warum sollt' ich nicht, wenn ich nur niederträchtig genug wäre, es zu thun, gleich dem Egyptischen Diebe, beym Anbruch des Tages tödten, was ich liebe.

Ich kann nicht einsehen, wie der Herr Uebersetzer *at the point of day,* statt: *at the point of death* lesen können. Die lange Note vom Theobald, die er zur Erläuterung dieser Stelle anführt, hätte ihm ja den natürlichen Sinn an die Hand geben müssen.

Die

Die luſtigen Weiber zu Windſor.

Fünfter Band.

184 S. vorlette Z. Ich hoffe, wir werden alle Zwiſtigkeiten wegtrinken, ſtatt: danieder trinken.

187 S. 21 Z. Slender. Ich will ſie heyrathen, Herr, weil Ihr es verlangt. Und wenn denn auch im Anfange nicht viel Liebe dabey iſt, ſo kann der Himmel ſie vielleicht zur Abnahme bringen, wenn wir erſt beſſer bekannt, wenn wir erſt verheyrathet ſind; und mehr Gelegenheit haben, einander kennen zu lernen. Ich hoffe die Bekanntſchaft wird ſchon mehr Verachtung nach ſich ziehen; ſtatt dieſem hat die 3. A.

Slender. Ich will ſie heyrathen, Herr, weil Ihr es verlangt. Und wenn denn auch im Anfange nicht viel Liebe dabey iſt, ſo kann der Himmel ſie vielleicht zum Wachsthum bringen, wenn wir erſt beſſer bekannt, wenn wir erſt verheyrathet ſind, und mehr Gelegenheit haben, einander kennen zu lernen. Ich hoffe, die Bekanntſchaft wird ſchon mehr nach ſich ziehen.

Slenders Charakter iſt, in allen ſeinen Reden verkehrte Wörter zu brauchen, ſo ſagt er *decreaſe*, ſtatt: *increaſe*, *diſſolve*, und *diſſolute*, ſtatt: *reſolve* und *reſolute*, *Contempt*, ſtatt *Content*: daß der Ueberſetzer dieſes eingeſehen, zeigt ſich am Schluß der

C

Rede, da er fehr richtig überfetzt: daju bin ich völlig diffolvirt, völlig diffolut. Warum unterließ aber
dies der Ueberfetzer vorher und in andern Stellen?

190 S. 18 Z. Ich habe Sackerfon (den Bären)
zwanzigmal los gefehen, und hab' ihn bey der Kette
gepackt, 2c.

: And have taken him by the Chain &c.

Z. A. Und ich hab' ihn bey der Haut gepackt.

193 S. 8 Z. Es foftet mich zehn Pfund die Woche.

I fit at ten pounds a Week.

Z. A. Ich ftehe mich auf zehn Pfund die Woche.

Das ift juft umgekehrt: er fagt, daß es ihm die
Woche hindurch zehn Pfund in feinem Wirthshaufe
foftet. Und hier wird gefagt, daß er zehn Pfund
Einkommens die Woche hat.

204 S. 20 Z. Er fchleppt 2c. He pulls &c. ftatt:
er ftößt, 2c.

212 S. 6 Z. Aller fetten Mannsperfonen, ftatt:
aller Mannsperfonen: denn das ift Unfinn.

214 S. 9 Z. Trahn, ftatt: Oel: denn das
ausgekochte Fett vom Wallfifch nennt man Trahn,
nicht Oel.

230 S. 12 Z. Ich habe nie eine Frau gekannt,
die fo verliebt in eine Mannsperfon gewefen ift. Wahrhaftig, ich denke, Sie können zaubern = = = Ja wahrlich, das können Sie.

I never knew a woman ſo doat upon a Man;
ſurely, I think you have charms : La; yes, you
have; ſtatt: dieſe letzte Reden, liefert uns die J. A.

Wahrhaftig, ich denke, Sie haben gewiſſe Reitze = =
ja wahrlich, die haben Sie.

Damit war der Schluß der ganzen Rede der
alten Kuplerinn verdorben.

241 S. 22 Z. Und was ſie dann in ihrem Herzen denken, das auszuführen iſt, das muß ausgeführt
werden, ſollten ꝛc.

And what they think in their hearts they may
effect, &c.

J. A. Und was ſie denn in ihrem Herzen auszuführen beſchlieſſen, das muß ꝛc.

249 S. 3 Z. Ich will ſeiner Scharfheit die Urin-
gläſer an ſeinem Schelmenſchädel entzwey klopfen,
wenn ꝛc.

On his knave's coſtard, ſtatt: an ſeinen Milch-
ſchädel, ꝛc.

249 S. 15 Z. Als ich in der Gartenlaube unter
tauſend Blumen ſaſſe = = =

When as I ſet in *Pabillon* - - - and a thouſand
vagrant poſies - - -

Hieraus macht der Ueberſetzer „ An Waſſerflüſ-
ſen Babilon “ welches, wenn ich mich nicht irre eine Strophe oder gar der Anfang eines lutheriſchen

Liebes ist: wie aber das hieher kömmt, ist mir nicht begreiflich: wie kann man *Pabillon*, zu Babilon machen! –

264 S. 14 Z. Frau Ford, itzt werde ich in meinem Wunsche sündigen. Ich wollte dein Mann wäre tod;

Now shall I sin in my wish, I would thy husband were dead.

Z. A. Itzt werd' ich nach Herzenslust sündigen können.

Der Ausdruck ist falsch, zu grob und gar nicht Shakespearisch.

281 S. 10 Z. Ach Himmel! ich möchte mich lieber bis an den Hals eingraben, und mit Steckrüben zu tode werfen lassen.

Alas, I had rather be set quick i'th' earth
And bowl'd to death with turnips.

Z. A. Ach Himmel! ich möchte mich lieber in die Erde scharren, und mit Steckrüben zu tode werfen lassen.

Wer einmal in die Erde gescharrt ist, den wirft man nicht mehr tod.

288 S. 8 Z. Es war der garstigste Mischmasch von abscheulichem Gestank in dem Korbe ꝛc. statt: niederträchtigem Gestank ꝛc.

308 S. letzte Z. Komm zur Schmiede mit diesem Anschlag; wir wollen ihm seine Form geben; ich lasse die Sachen nicht gerne kalt werden.

Come to the forge with it, then shape it; I would not have things cool.

Z. A. Erst wollen wir den Anschlag schmieden, weil er noch warm ist, und denn ihm seine Form geben.

Das ist etwas ganz anders!

320 S. 9 Z. Laß die Sturmglocke läuten, statt: mach Lärmen.

320 S. 17 Z. Da würden sie mich aus meinem Fett herausschmelzen, einen Tropfen nach dem andern und Fischerstiefel mit mir bestreichen.

Z. A. Und Fischerkähne mit mir bestreichen. Im Original ist *Fisherboots*, nicht *Fisherboats*, denn die Kähne bestreicht man mit Teer und Pech, die Stiefel aber mit Fett, damit sie Wasser halten.

322 S. 1 Z. Sonst hätte der Schurke von Häscher mich als eine Here in den Block gesteckt. In the stocks.

Z. A. Mich in's Loch, in's Hundeloch gesteckt.

Ende des fünften Bandes.

Antonius und Kleopatra.

Sechster Band.

9 S. 7 Z. Gott behüte mich vor Runzeln!
Wrinkles forbid!

Z. A. Das verhüten meine Runzeln!

Was sollen denn da die Runzeln verhüten?

50 S. 7 Z. Wenn ich aber wüste, daß es einen Reif gäbe, der unsre Freundschaft festbände, so wollt' ich ihn von einem Ende der Welt bis zum andern aufsuchen.

Yet, if I knew
What hoop would hold us staunch, from edge
to edge
O' th' world, I would pursue it.

Z. A. Wenn ich aber einen Reif wüste, der unsre Freundschaft so fest bände, daß sie nie zerrinnen könnte, so wollt' ich ihn von Hecke zu Hecke in der ganzen Welt aufsuchen.

Von Hecke zu Hecke! *Edge of the World* heißt der Rand, das Ende der Welt. *Hedge* heißt eine Hecke.

72 S. 10 Z. Mit den übrigen bewaffneten Freunden der holden Freyheit ꝛc.

With the arm'd rest, courtiers of beautous freedom.

S. A. Mit den übrigen bewaffneten Vertheidi-
gern ꝛc.

77 S. 16 Z. Unſre Augen, ſtatt: deine Augen ꝛc.

Man leſe die ganze Rede von Enobarbus, ſo
wird der Unterſchird auffallender.

77 S. letzte Z. Es entſtellt ganz erbärmlich die
Wangen.

Which pitifully diſaſter the cheeks.

Z. A. Es macht einen erbärmlichen Anblick.

88 S. 9 Z. Und bey den Schlußzeilen des Lieds
muß ein jeder ſo laut aus dem Halſe ſingen, als er
kann.

The holding every Man ſhall bear, as loud
As his ſtrong ſides can volly.

Z. A. Und bey den Schlußzeilen des Liedes muß
ein jeder ſich ſo laut in die Seiten ſchlagen, als er
kann.

Und warum das? und was heißt denn, ſich
laut in die Seiten ſchlagen? der Sinn iſt; ein jeder ſoll bey Wiederholung der Schlußzeilen, ſo
laut ſingen, als es ſeine Kehle und ſeine Lenden
vermögen; denn dieſe Theile werden zum Lautſin-
gen angeſtrengt.

96 S. 14 Z. Was er mit Freuden zerſtören half,
beweinte er, glaube mirs, bis ich auch weinte.

What willingly he did confound, hej wäild,
Believe it, 'till I wept too.

Z. A. Was er mit Freuden zerstören half, beweinte er. Glaube mir das, bis du mich auch so weinen siehst.

102 S. 21 Z. Der deinen Bruder in die Enge treiben wird.

Shall strain your brother.

Z. A. Der deinem Bruder wenig Ehre machen wird.

113 S. 18 Z. Es wird dir keine Schande seyn, wenn du dich in kein Seetreffen einlässest, da du zu Lande auf alles gefaßt bist. - -

- - No disgrace

Shall fall you for refusing him at sea,

Being prepar'd for land.

Z. A. Es kann dir nichts schaden, wenn ꝛc.

137 S. 17 Z. Fodere du es von ihm ꞉ ꞉

Urge it thou - -

Z. A. Sag' ihm das ꞉ ꞉

Der Unterschied ist sehr merklich; man lese die Rede des Antonius.

141 S. 10 Z. Der alte Klopfechter muß wissen, ich habe manche andre Art zu sterben.

Let the old ruffian know,

I have many other ways to die.

Z. A. Der alte Klopfechter muß wissen, daß er noch auf manche andre Art sterben kann.

154 S. 8 Z. Dieß beugt mein Herz; This bows my heart;

Z. A. Mein Herz schwillt ganz dadurch empor.

154 S. 13 Z. Einen Graben, statt: eine Grube: welches hier sehr unschicklich ist.

157 S. 11 Z. Lauf einer voran und melde der Königinn unsre Thaten.

Run one before,

And let the Queen know of our Gests.

Z. A. Lauf' einer voran, und melde der Königinn unsre Gäste.

Antonins kömmt mit dem Heer aus dem Felde zurück, und will der Kleopatra seine Gäste anmelden lassen! das ist drolligt!

Gests, kommt aus dem lateinischen von Res gestæ, und Guest heißt ein Gast.

163 S. 6 Z. Heißt sie fliehen! = = fort! o Sonne! deinen Aufgang werd' ich niemals wieder sehen!

Bid them all fly, be gone.

O sun, thy uprise shall I see no more.

Z. A. Heißt sie fliehen! Geh nur hin, Sonne! deinen Aufgang werd' ich rc.

163 S. 8 Z. Hier nehmen wir Abschied.

- - - even here

Do we shake hands.

Z. A. Eben hier geben wir uns zum letztenmal die Hand.

To shake hands, heißt nicht sich die Hand geben, sondern von einander scheiden, sich trennen, Abschied nehmen.

180 S. 3 Z. Unterhalte dich mit der Vorstellung, daß ich nicht meinen Helm feiger Weise vor meinem Landsmanne abziehe, = =

Nor cowardly put off my helm to

My Countryman;

Z. A. Sondern meinen Helm meinem Landsmann hingebe.

Vollkommen das Gegentheil!

196 S. 1 Z. Es ist aufs genauste angegeben; auch Kleinigkeiten sind darunter.

'— — — 't is exactly valued,

Not petty things omitted — — —

Z. A. Es ist aufs genaueste angegeben; nur nichtswürdige Kleinigkeiten sind nicht darunter.

Wiederum das Gegentheil; wenn diese Leseart gelten sollte, so würde Kleopatra hernach auf keiner Lüge ertappt werden: man lese nur weiter.

196 S. 9 Z. Lieber wollt' ich meine Lippen versiegeln lassen = =

I had rather seal my lips — —

Z. A. Lieber wollt' ich mir den Mund zunähen lassen = =

198 S. 20 Z. Iß und schlaffe ruhig. Feed and sleep.

Z. A. Iß ruhig, und leg dich schlafen.

199 S. 10 Z. Der heitre Tag ist vorbey, und wir wandern zur Finsterniß.

The bright day is done,
And we are for the dark.

Z. A. Der heitre Tag ist vorbey, und wir sind im Finstern.

200 S. 13 Z. In Rom zur Schau herum geführt werden; statt: in Rom zur Schau getragen werden.

201 S. 3 Z. Schwärmereyen, statt: Lustbarkeiten.

201 S. 14 Z. Und ihre sichersten Anschläge zu vernichten.

- - - To conquer
Their most assur'd intents.

Z. A. Und ihre albernen Anschläge zu vernichten.

207 S. 9 Z. Schließt euch, ihr weichen Augenlieder; und nimmer werde die goldene Sonne wieder von so königlichen Augen angeschauet - -

- - - Downy windows, close;
And golden Phoebus never be beheld
Of eyes again so royal!

Z. A. Schließt euch, ihr weichen Augenlieder; und nimmer wird die goldne Sonne wieder von so königlichen Augen angeschaut werden.

Timon von Athen.

Sechster Band.

219 S. 20 Z. Doch thust du wohl, dem Timon zu zeigen, daß ganz gemeine Augen den Fuß über dem Kopf gesehen haben.

> Yet you do well
> To shew Lord Timon, that mean eyes have seen
> The foot above the head.

Z. A. Doch thust du wohl, dem Timon zu zeigen, daß oft schon niedre Augen den Fuß über dem Kopf gesehen haben.

220 S. 4 Z. Im Gefängniß ist er; sagst du?

> Imprison'd is he, say you?

Z. A. Gefangen ist er; sagst du?

Der Unterschied ist hier wesentlich.

227 S. 21 Z. Apamanthus. O! die Damen essen grosse Herren; und dadurch werden sie dick.

Timon. Ein schmutziger Gedanke.

Apamanthus. Wie du ihn denkst. Nimm ihn für deine Mühe.

> *Apamanthus.* O! they eat Lords; so they come
> by great bellies.
>
> *Timon.* That's a lascivious Apprehension.
>
> *Apamanthus.* So, thou apprehend'st it. Take
> it for thy labour.

Z. A. O! die essen grosse Herren; und dadurch werden sie dick und fett.

Timon. Ein schmutziger Gedanke.

Apamanthus. Wenn du ihn denkst. Nimm ihn für diese Mühe.

227 S. 7 Z. Wie viel denkst du wohl, daß er werth ist? statt: wie viel meynst du wohl, daß 2c.

Der Unterschied ist hier grösser wie man glaubt: es muß denkst heissen, sonst verliert sich das Shakespearische Wortspiel: nicht so viel, daß ich drauf denke. Im Englischen also.

Timon. What dost thou think t'is worth?

Apamanthus. Not worth my thinking.

229 S. 10 Z. Daß ich so wenig Witz hätte, ein grosser Herr zu seyn = =

That I had so hungry a wit to be a Lord.

Dieses ist die beste Lesart. Shakespear brauchte die Worte *hungry witted, leanwitted* öfters in diesem Sinn. Er will sagen; ich könnte mich selbst hassen, daß ich so ein Narre wäre und gerne ein grosser Herr seyn wollte.

Z. A. Daß ich damit zufrieden wäre, ein grosser Herr zu seyn = =

230 S. 8 Z. Daß die Gicht eure biegsamen Gelenke lähme und ausdörre.

Aches contract, and starve your supple joints.

Z. A. Daß euch die Gicht lähme und ausdörre, ihr biegſamen Gelenke!

237 S. 15 Z. Kerkermeiſter, ſtatt: Kerkerwärter.

239 S. 3 Z. Und in ſo weit pflichte ich euch bey. Dieſe Worte ſind in der 3. A. gänzlich ausgelaſſen worden.

243 S. 12 Z. Eure Gegenwart hat ihr erſt einen Werth und lebhaften Glanz gegeben, und meine eigne Erfindung verſchönert.

You 've added worth unto't, and lively luſtre,
And entertain'd me with my own device.

Z. A. Eure Gegenwart hat ihr erſt einen Werth und lebhaften Glanz gegeben, und mir ein Vergnügen verſchaft, darauf ich ſchon gedacht hatte.

Timon ſagt hier etwas, worinn kein Sinn iſt.

258 S. 10 Z. Seht, da kömmt meiner Gebieterinn Edelknabe, ſtatt: meines Herrn Edelknabe.

260 S. 18 Z. Deswegen wirſt du nichts an deiner Hochachtung verlieren.

Which not withſtanding, thou ſhalt be no leſs eſteem'd.

Z. A. Denn dafür werden wir dich doch auch ohnedem halten.

264 S. 4 Z. Da unſre Keller von verſchüttetem Weine überſchwemmt wurden, da an = =

When our vaults have wept
With drunken ſpilth of Wine.

Z. A. Wenn unſre Gewölbe und Decken der Zim=
mer von verſpritztem Wein träufelten = =

  Wie unnatürlich!

266 S.   22 Z.   Sie hätten eben nichts vorräthig,
ſtatt: ſie wären eben nicht vorräthig (Timons Tiſch=
freunde).

267 S.   3 Z.   Alles wäre wohl nicht recht geweſen.

  Some thing had been amiſs.

Z. A. Es hätte wohl etwas anders ſeyn mögen.

280 S.   16 Z.   Er nimmt tugendhafte Muſter um
gottlos zu ſeyn; gleich denen, die unter dem Scheine
von heiſſem brennendem Eifer ganze Königreiche in
Brand ſtecken möchten. Von dieſer Art iſt ſeine po=
litiſche Freundſchaft. Dieſer war meines Herrn beſte
Hoffnung;

  Takes virtous copies to be wicked: like thoſe
that under hot, ardent, zeal would ſet whole Re-
alms on fire.   Of ſuch a nature is his politick love.
This was my Lord's beſt hope;

Z. A. Tugendhafte Handlungen legt er übel aus;
gleich denen, die in ihrem heiſſen, brennenden Eifer
ganze Königreiche in Brand ſtecken möchten. Von die=
ſer Art iſt ſeine politiſche Freundſchaft. Das waren
nun diejenigen, auf die mein Herr ſeine beſten Hoff=
nungen geſetzt hatte.

  Falſch; denn hier iſt noch immer, biß zum
Schluſſe, die Rede vom Sempronius.

291 S. 5 Z. Der nie Beleidigungen zu Herzen zieht, um es nicht dadurch in Gefahr zu bringen.

And ne'er prefer his injuries to his heart,

To bring it into danger.

Z. A. Der nie Beleidigungen höher achtet als ſein Herz, und es dadurch in Gefahr bringt.

Unbegreiflich!

292 S. 1 Z. So iſt der Eſel tapfrer als der Löwe; und ein Verbrecher, der mit Ketten beladen iſt, iſt weiſer als der Richter, wenn im Dulden Weisheit liegt.

The Aſs, more than the lion; and the fellow,

Loaden with irons, wiſer than the judge:

If wisdom be in ſuffring.

Nun ſehe man, was uns hier die Zürcher Ausgabe liefert.

So iſt der Eſel tapfrer als der Löwe, und ein Menſch, der eine Laſt Eiſen auf dem Rücken trägt, iſt weiſer, als ein Rathsherr, wenn im Tragen Weisheit liegt.

293 S. 2 Z. Er iſt ein geſchworner Zänker; ſtatt: Verſchwender.

Es iſt die Rede von der Tapferkeit, nicht von der Verſchwendung.

305 S. 2 Z. Ehrfurcht für die Götter.

Z. A. Scheu vor den Göttern.

318 S.

318 S. 18 Z. Laß nicht die jungfräuliche Wange dein schneidendes Schwert besänftigen, statt: stumpf machen.

318 S. 19 Z. Jene milcherfüllte Brüste, statt: milchweissen Brüste.

340 S. 4 Z. Die See ist ein Dieb, weil ihre flüßigen Wellen die Salzberge in Thränen auflösen.

> The sea's a thief, whose liquid surge resolves
> The mounds into salt tears.

Z. A. Die See ist ein Dieb, weil ihre schmelzende Wellen den Mond in salzige Thränen auflösen.

354 S. 11 Z. Ein fressendes Maal; statt: ein Brandmahl.

361 S. 21 Z. Das hat ein wildes Thier aufgewühlt; hier wohnt kein Mensch = = = Ganz gewiß ist er todt; dieß hier ist sein Grab = = = Was steht auf diesem Steine? Ich kann nicht lesen.

> Some beast rear'd this; here does not live a
> man.
>
> Dead, sure, and this his grave; what's on this
> tomb?
>
> I cannot read;

Z. A. Das mag irgend ein wildes Thier lesen; hier wohnt kein Mensch = = = Ganz gewiß ist er todt; dieß hier ist sein Grab = = = Was auf diesem Steine steht, kann ich nicht lesen.

D

362 S. 19 Z. Mit verschränkten Armen, travers't arms, statt: mit verkehrten Waffen.

364 S. 11 Z. Die Schaam, nicht listig genug gewesen zu seyn, brach ihnen das Herz.

Shame, that they wanted cunning, in Excess
Has broke their hearts.

Z. A. Die Schaam, die sie vorher nicht hatten, ergriff sie endlich im vollen Maaß.

Ende des sechsten Bandes.

Die Kunst eine Wiederbellerin zu zähmen.

Siebenter Band.

3 S. 6 Z. Ins Block gehörst du, du schlechter Kerl!

†) A pair of Stocks, you rogue!

†) A pair of Stocks, sind die zwey Balken, worinnen man die Füsse eines Verbrechers steckt: hiemit drohet sie ihm.

Z. A. Ein Paar Strümpfe, du schlechter Kerl!

A pair of Stockings, heissen ein Paar Strümpfe.

11 S. 1 Z. Nach Endigung der Rede des ersten Schauspielers, der mit den Worten „wär es auch die possirlichste Figur von der Welt," schließt, ist in der 3. A. folgendes ganz weggelassen worden.

Zwerter Schauspieler. (zum ersten) Geh, hole du einen Lumpen, deine Schuhe zu reinigen; ich will die Nothwendigkeiten zur Vorstellung besorgen. (der erste geht ab) Ihr Gnaden, wir brauchen einen Hammelsbraten, und ein wenig Essig, um unsern Teufel brüllen zu machen.

Hierauf antwortet der Lord, wie es in der 3. A. steht. Geh Freund, führe Sie in das Eßzimmer 2c.

19 S. 11 Z. Nachdem Alle Amen sagen, tritt die Lady mit Gefolge herein, und vorher ist ganz weggelassen worden, was folgt:

Sley. Beym Himmel! ich glaube, ich bin ein Lord. Wie ist dein Name?

Bedienter. Sim, zu dero Befehl.

Sley. Sim? das ist so viel als Sim.eon, oder Simon; strecke deine Hand aus, und fülle den Krug. (der Bediente reicht ihm zu trinken) Ich danke dir, es soll dein Schade nicht seyn. Diese letzte Rede, Ich danke dir, es soll zc. hat die 3. A. auch; ohne das vorhergehende aber ist sie nicht verständlich, und man weiß nicht, wofür, noch wem er dankt.

58 S. 10 3. Ich muß baarfuß auf ihrer Hochzeit tanzen, und wegen Ihrer Liebe zu ihr, als eine alte Jungfer sterben.

And for your love to her lead apes in hell.

3. A. Und wegen Ihrer Liebe zu ihr mit mir umspringen lassen, wie man Lust hat.

Die Redensart, lead apes to hell, oder in hell, bedeutet, als eine alte Jungfer sterben.

138 S. 10 3. Nach den Worten des Schneiders, der Zettel kann mein Zeuge seyn, ist in der 3. A. ausgelassen.

Petruchio. Ließ ihn.

162 S. 22 3. Ich will dem Schurken die Nasenlöcher schlitzen zc.

J'll flitt the Villain's nose &c.

3. A. Ich will dem Schurken den Hals brechen x.

Die Komödie der Irrungen.

Siebenter Band.

186 S. 1 Z. Dergleichen die Seeleute wider den Sturm mit sich zu nehmen pflegen.

Such as seafaring men provide for storms.

Z. A. Dergleichen die Seeleute aus Fürsorge mit sich zu nehmen pflegen.

194 S. 4 Z. Sie haben keinen Appetit, weil Sie gefrühstückt haben:

You have no stomach, having broke your fast.

Z. A. Sie haben keinen Appetit, weil Sie Ihre Fasten gebrochen haben.

250 S. 17 Z. (Das Schiff) wartet nur noch auf den Patron, den Schiffer, und auf Sie.

They stay for nought
But for their owner, Master and yourself.

Z. A. Und man wartet nur noch auf den Patron, und auf Sie.

302 S. 12 Z. Ich glaube ja, mein Herr; ich leugne es nicht.

D 3

Es muß wohl ein Druckfehler seyn, daß diese Reden in der 3. A. zweymal auf einander folgen; da sie doch erst kommen sollte, wenn Antipholis von Ephesus gefragt hat; sonst ist in dem ganzen kein Zusammenhang.

Ende des siebenten Bandes.

Hamlet.

Achter Band.

Gleich Anfangs fehlt in der 3. A. folgendes.
Der Schauplatz ist zu Elsingnör. Die Handlung ist
aus dem Saxo Grammaticus dänischer Geschichte ge=
nommen.

12 S. 22 Z. Warum täglich so viel ehernes Ge=
schütz gegossen wird, und so viele fremde Kriegsrüstun=
gen anlangen?

> And why such daily cast of brazen Canon,
>
> And foreign mart for implements of war?

3. A. Warum täglich so viel ehernes Geschütz, so
viel fremde Kriegsrüstungen anlangen?

13 S. 14 Z. Und dieser verlor, Kraft eines durch
Siegel, und die Gesetze der Wappenkunst bestätigten
Vergleichs, mit seinem Leben ꝛc.

> - - - Who by seal'd Compact,
>
> Well notify'd by Law of heraldry
>
> Did forfeit (with his Life) &c.

S. A. Und dieser verlor, durch einen versiegelten
und durch das Recht der Waffen bestätigten Vergleich,
mit seinem Leben ꝛc.

21 S. 2 Z. Das Blut ist dem Herzen nicht natür=
licher; noch dem Munde der Dienst der Hand unent=
behrlicher, als es ꝛc.

The blood is not more native to the heart,
The hand more inftrumental to the mouth,
Then is &c.

Z. A. Das Haupt ift dem Herzen nicht unentbehr=
licher, noch dem Munde der Dienft der Hand, als rc.

23 S. 1 Z. Alle die leben, müffen fterben.

T'is common on all that live muft die.

Z. A. Alle Menfchen müffen fterben.

Ift der Anfang von einem lutherifchen Liede.

24 S. 17 Z. Aeufferft ungereimt in den Augen
der Erfahrung, deren ganz gemeiner Gegenftand der
Tod der Väter ift, rc.

Z. A. In den Augen der Vernunft rc.

Das Wort *reafon* wird oft beym Shakefpear,
ftatt: *experience* gebraucht, und fo muß es auch
hier genommen werden, wenn der Sinn vollkom=
men richtig feyn foll.

24 S. 22 Z. Begrab diefe unnütze Traurigkeit
mit dem Verftorbenen, und fieh uns an, als deinen
Vater.

Throw to earth
This unaveiling woe, and think of us,
As of a father.

Z. A. Leg diefe unnütze Traurigkeit ab, und fieh
uns als deinen Vater an.

30 S. 2 Z. Guten Morgen, ftatt: guten Abend.

36 S. 22 Z. Und daher muß feine Wahl fich

nach der Stimme und Einwilligung des Körpers richten, wovon er das Haupt ist.

> And therefore muſt his choice be circumſcrib'd
> Unto the voice and yielding of that body,
> Wherof he's head.

Z. A. Und daher muß seine Wahl sich nach den
Stimmen und Wünschen des Körpers richten, wovon ꝛc.

Das Wort *yielding* heißt hier so viel als *conſent*.

43 S. 9 Z. Deutlich zu reden, 'in plain terms.

Z. A. Die Wahrheit zu sagen.

44 S. 18 Z. Diese taumelnde Trinkgelage, die
von Morgen bis in die Nacht dauren, machen uns verächtlich, und zum Gespötte andrer Völker.

> This heavy-headed revel eaſt and *weſt*,
> Makes us traduc'd, and tax'd of other Nations.

Z. A. Diese taumelnden Trinkgelage machen uns
in Osten und Westen verächtlich, und zum Gespötte
andrer Völker.

Eaſt and weſt will hier weiter nichts sagen, als
unaufhörlich, von Morgen bis in die Nacht, vom
Abend bis an Morgen. Vom Aufgang bis zum
Untergange der Sonne.

46 S. 8 Z. Deine geweyhten Gebeine, in der
Erde verscharrt ꝛc.

> Thy canoniz'd bones, hearſ'd in Earth, &c.

Z. A. Im Tode verscharrt.

Man muß *earth*, statt: *death* lesen, sonst ist es
Nonsense.

52 S. 4 Z. Getödtet, statt: gestochen.

92 S. 4 Z. Den Herkules mit seiner ganzen
Bürde.

Z. U. Den ganzen Herkules mit aller seiner Ladung.

98 S. 18 Z. Es wäre kein Salz in den Versen.

Z. A. Es wäre kein Sallat in den Versen.

98 S. vorletzte Z. Wodurch der Verfasser Empfin-
dung verriethe.

S. A. Affectation verriethe.

107 S. 5 Z. Mir den Bart ausraufen, und ihn
mit ins Gesicht blasen?

Plucks off my beard, and blows it in my face?

Z. A. Mir den Bart ausraufen, mir einen Schlag
ins Gesicht geben?

Hier zeigt sich deutlich, daß der Uebersetzer
den Text nicht verstanden hat.

112 S. 17 Z. Einen Anfall von Unruhe ꝛc.

Affail of troubles - -

Der Herr Uebersetzer las, a sea of troubles - -
und hat daher die Z. A. ein ganzes Meer von Un-
ruhen.

124 S. 11 Z. Es giebt einige, die selbst zu erst
lachen, um eine Anzahl alberner Zuschauer zum Lachen zu bringen.

For there be of them, that will themselves
laugh, to set off some quantity of barren Spectators
to laugh too:

Z. A. Es giebt einige, die selbst darüber lachen, wenn sie eine Anzahl alberner Zuschauer zum Lachen bringen.

151 S. vorletzte Z. Und doch, was vermag die Reue allein?

Yet, what can it, when one can but repent?

Z. A. Und doch, was vermag sie, wenn man nicht das Vermögen zur wahren Reue hat?

Dieses ist ein Gedanke des Ueberseßers, der nicht im Original ist. Der König sagt, was vermag die wahrste Reue, wenn keine Genugthuung, keine Wiedererstattung geschehen kann.

196 S. 4 Z. Wo ihr das Verbrechen findet, da strafet.

And where th' offence is, let the great tax fall.

Z. A. Wo ihr das Verbrechen findet, da laßt das Beil fallen.

Anstatt: ax, muß man tax lesen, nach der Meinung der besten Ausleger: tax aber bedeutet nichts anders, als penalty, punishment.

197 S. 18 Z. Aber sie wußten, was sie thaten; ich soll ihnen wieder einen Dienst leisten.

But they knew what they did; Jam to do a good turn for them.

Z. A. Ich bin Willens ihnen einen Dienst zu erweisen.

Die Grammatick lehret einen ſchon, daß J am
to do, ich ſoll, heißt, und nicht, ich bin willens:
welches gar auf das, was vorhergeht, nicht paßt.

203 S. 4 Z. Das geſetzte Alter in ſeinen Zobel-
pelzen und langen Gewändern, die Anſehn und Reich-
thum anzeigen.

Importing Wealth and greatneſs;

B. A. Die ihm Geſundheit und Anſehn verſchaffen.

Ein mit Pelz gefütterter Rock verſchaft keine
Geſundheit: to import heißt auch nicht verſchaffen,
ſondern hier blos anzeigen, zu erkennen geben.
Man muß Wealth, ſtatt: health leſen.

205 S. 13 Z. Und jenes Sollen iſt wie die Hand-
ſchrift eines Verſchwenders; ſie ſchadet, indem ſie erleichtert.

And then this Should is like a ſpend-thrift's ſign,
That hurts by eaſing - -

B. A. Und jenes Sollen iſt wie ein verſchwendri-
ſcher Seufzer, der zugleich ſchadet und erleichtert.

Was für Unſinn! ein Seufzer, der verſchwend-
riſch iſt, der zugleich ſchadet und erleichtert.

229 S. 11 Z. Uebereilung = = und Dank ſey der
Uebereilung = =

B. A. Schnell = = und geprieſen ſey die Schnelligkeit dafür! = =

Raſhneſs heißt Uebereilung = = = Schnelligkeit
kann es gar nicht heiſſen, denn er giebt ſie gleich

als eine Unbesonnenheit an, und sagt, daß uns
die oft dient, wenn alle unsre Entwürfe miß-
lingen.

231 S. 9 Z. Wenn der Friede noch immer seinen
Kranz von Weitzenähren tragen, und als ein Freund
zwischen ihrer beyderseitigen Freundschaft stehen sollte 2c.

And stand a Commere 'tween their Amities - -

Z. A. Und als ein Komma, zwischen ihrer 2c.

Das ist doch wohl der armseligste Sinn, den
man sich denken kann; der Uebersetzer ist dem
Johnson gefolgt. Bessere Ausgaben lesen Commeve,
statt: Comma - - das eine Zwischenhändlerinn, eine
Freundin von beyden Partheyen bedeutet, für die
ich das Wort Freund genommen habe, weil der
Friede im Deutschen männliches Geschlechtes ist.

244 S. 16 Z. Laertes. Gestreift, gestreift, ich
gesteh' es.

König. Unser Sohn wird gewinnen.

Z. A. Gestreift, gestreift, ich gesteh' es. König.
Unser Sohn wird gewinnen. Ein großer Druckfehler.

Titus Andronikus.

Achter Band.

259 S. 6 Z. Er mit seinen Söhnen, ein Schrecken unsrer Feinde, hat ein mächtiges Volk, in Waffen erzogen, unters Joch gebracht.

With his sons (a terror to our foes)
Has yoak'd a Nation strong, train'd up in Arms.

Z. A. Mit seinen Söhnen hat er, ein Schrecken unsrer Feinde, ein mächtiges-Volk, in Waffen erzogen, unters Joch gebracht.

Da ist es schwer den rechten Sinn zu finden.

261 S. 19 Z. Heil dir, o Rom, siegreich in meiner Trauer!

Hail, Rome, victorious in my mourning weeds!

Z. A. Heil dir, o Rom, siegreich in deinen Trauer-kleidern!

Titus will so viel sagen: heil dir, o Rom, du bist siegreich, obgleich ich für meine Söhne traure, die ich zur Erlangung dieses Sieges verlohren habe. Warburton und Theobald haben beyde mit Recht so gelesen.

267 S. 6 Z. Lebe lange, Lavinia; überlebe die Tage deines Vaters, in der ewigen Dauer des Ruhms zum Preise der Tugend!

Lavinia live; out-live thy father's days,
In fame's eternal date for virtue's praiſe!

B. A. Lebe lauge, Lavinia; überlebe die Tage deines Vaters, und die ewige Dauer des Ruhms der Tugend!

Dieſes iſt freylich übertrieben, und widerſprechend, wie der Ueberſeßer in einer Note bemerkt; allein er hätte nur mit Theobald *In fame's eternal date*, ſtatt: *And fame's eternal date* leſen ſollen, ſo wird der Wunſch ganz vernünftig und gut. Die Note war ausgeſtrichen, und ſollte ganz weggelaſſen werden; allein aus Verſehen des Seßers und Correktors blieb ſie ſtehen.

269 S. 10 Z. Gerecht führte ihn der ꝛc. Upright he held it &c. ſtatt: mit Ruhm führt ihn der ꝛc.

276 S. 2 Z. Ich habe das Kayſerthum von dir erbettelt. I begg'd the Empire at thy hands, ſtatt: ich habe das Kayſerthum als ein Almoſen von dir bekommen.

277 S. 17 Z. Deſſen Weisheit ihrem Unglücke ein Ende machte;

Whoſe wisdom has her fortune conquer'd.

B. A. Deſſen weiſer Rath ihrem Glück ein Ende machte;

Wer kann dieſen Sinn darin finden? und was will es ſagen?

280 S. 15 Z. Die Griechen begruben mit Bedacht 2c. statt: wir wissen daß die Griechen mit Bedacht begruben den Ajar 2c.

281 S. 6 Z. Gut; begrabt ihn, und dann begrabt mich auch.

Well, bury him, and bury me the next.

Z. A. Gut; begrabt ihn und begrabt mich nächstens auch.

Unrecht, und noch dazu schwach und schleppend.

295 S. 3 Z. Dort vollbringt eure Lust, beschattet vor dem Auge des Himmels, und schwärmt in den Schätzen Laviniens.

There serve your lusts, shadow'd from heaven's eye,

And ravel in Lavinia's Treasury.

Z. A. Dort vollbringt eure Lust, beschattet von dem Auge des Himmels, und setzt euch in Laviniens Besitz.

298 S. 9 Z. Die Schlange liegt aufgerollt, statt: die Schnecke liegt aufgerollt.

303 S. 17 Z. Stachelschweine, statt: Eideren.

305 S. 1 Z. Auf ihr ehliches Gelübde, upon her nuptial vow.

Z. A. Auf ihren ehrlichen Schwur. Ist wohl ein Unterschied.

309 S. 16 Z. Kommt her, ihr Prinzen, eilet.

Come on, my Lords, the better foot before.

Z. A.

Z. A. Kommt her, ihr Prinzen, den rechten Fuß voran;

' The better foot before heißt, rührt die Füße, eiler.

317 S. 5 Z. Entehrt, statt: entführt.

318 S. 13 Z. Und doch nicht einmal so glücklich werden konnten, deine Liebe zu gewinnen.

And might not gain so great a happiness,
As have thy love.

Z. A. Und doch nicht einmal so glücklich werden könnten, nur die Helfte deiner Liebe zu gewinnen.

Warum denn die Helfte?

325 S. 5 Z. Die Quaal deines Vaters zu vermehren, statt: daß dein Vater dich so sehen muß.

330 S. 18 Z. Meine Jugend kann besser Blut verlieren als du.

My Youth can better spare my blood than you.

Z. A. Meine Jugend kann besser mein Blut schonen, als du.

Wer kann das verstehen? was heißt sein Blut schonen?

333 S. 20 Z. Ist nicht mein Leiden tief, da es keinen Boden hat?

Is not my sorrow deep, having no bottom?

Z. A. Ist nicht mein Leiden tief, und hat keinen Boden?

E

349 S. 5 Z. Ehe wir mit dieser Schande sterben.

Ere die with this reproach.

Z. A. Oder mit dieser Schande sterben wollen.

357 S. 17 Z. Eher soll dieß Schwert hier dein Eingeweide aufpflügen.

Sooner this Sword shall plough thy bowels up.

Z. A. Eher soll dieß Schwert hier deine Eingeweibe umpflügen.

364 S. 17 Z. Und laßt kein einziges Kriegsschiff uns ausgesucht.

And leave not a Man of War unsearch'd.

Z. A. Und laßt keinen einzigen Krieger unausgeforscht.

Man sieht ja deutlich, daß hier von Schiffen und nicht von Soldaten die Rede ist.

369 S. 8 Z. Kannst du dem Kayser eine Rede mit Grazie halten?

Can you deliver an oration to the Emperour with a Grace?

Z. A. Kannst du dem Kaiser eine Bittschrift mit Grazie überreichen?

373 S. letzte Z. Durch mein Anstiften mit Unrecht ermordet wären.

Have by my Means been butcher'd wrongfully?

Z. A. Mit Unrecht ermordet wären?

Das *by my Means*, durch mein Anstiften, ist ausgelassen worden.

374 S. 13 Z. Beute, statt: Blute.

379 S. 2 Z. Das verwüstete Gebäude, the wasted building.

Z. A. Das weitläuftige Gebäude.

393 S. 8 Z. Nach den Worten, aber seyd willkommen, war in der Zürcher Ausgabe ausgelassen, wie ihr seyd.

398 S. 4 Z. Meine Hand ist abgeschnitten worden, und man hat Scherz damit getrieben.

My hand cut off and made a merry jest.

Z. A. Meine Hand habt ihr abgeschnitten, und euch eine Kurzweil damit gemacht.

Nicht Chiron und Demetrius hatten seine Hand abgeschnitten, sondern den Gemahl der Lavinia umgebracht, und deswegen wurden ihre beyden Brüder unschuldig zum Tode verurtheilt, und ihm selbst die Hand abgeschnitten. Dieß ist der rechte Sinn.

400 S. 16 Z. Freunde, statt: Feinde.

401 S. 11 Z. Diese Zwistigkeiten müssen ruhig geschlichtet werden.

These Quarrels must be quietly debated.

Z. A. Diese Zwistigkeiten müssen gänzlich geschlichtet werden.

Ende des achten Bandes.

Othello.

Neunter Band.

5 S. 12 Z. Und ich muß = = zu allem Unglück = = seiner mohrischen Ercellenz demüthiger, Fahnenjunker bleiben.

God bless the mark - - -

Z. A. Und ich muß = = Dank sey dem Himmel! = = seiner 2c.

15 S. 6 Z. Nach den Worten, „Eine andre Straße," war in der Z. A. weggelassen, „vor dem Wirthshaus des Schützen."

47 S. 18 Z. Denn sie wurden im heftigsten Sturme von einander getrenut.

- - - For they were parted
With foul and violent tempest.

Z. A. Denn sie waren im heftigsten Sturm abgesegelt.

51 S. 16 Z. Sie begrüssen die Festung;

They give this greeting to the Cittadel.

Z. A. Die Schüsse geschehen nach der Festung zu.

59 S. 12 Z. Geh nach der Bucht.

Go to the bay.

Z. A. Geh an die Rhede.

64 S. vorletzte Z. Den ich wegen seiner schnellen Jagd liebe, = =

- - - Whom I cherish

For bis quick hunting - - -

Z. A. Dem ich auf seiner Spur nachgehe.

Gerade das Gegentheil; er gieng ihm nicht auf der Spur nach, sondern er hetzte ihn an.

69 S. 11 Z. Diesen Abend, statt: diese Nacht.

69 S. letzte Z. Wenn der Erfolg meinem Entwurfe entspricht, = =

If consequence do but approve my deem.

Z. A.: Wenn der Erfolg meinen Traum in Wirklichkeit verwandelt, = =

Der Uebersetzer las *dream*, statt: *deam*.

70 S. 7 Z. Nicht über einen Schoppen, = = a pint.

Z. A. Nicht über ein Maaß.

81 S. 8 Z. (Desdemona kömmt mit Gefolge) Seht doch; meine theure Desdemona ist auch gestört worden; (zum Offizier) deine Strafe soll andern zum Beyspiel dienen.

Look if my gentle love be not rais'd up;

J'll make thee an Example.

Statt dieses liefert uns die Z. A. etwas ganz verschiedenes.

(Desdemona kömmt mit Gefolge) Seht doch, meine theure Desdemona ist schon aufgestanden, ich will dich andern Frauen zum Muster aufstellen.

Othello soll hier während dem Gezänke, es als eine Tugend ansehen, daß seine Frau um Mit

ternacht aufgeſtanden iſt, und will ſie deswegen
zum Muſter andrer Frauen aufſtellen: da er doch
gleich darauf wieder ſagt: Komm mit zu Bette.
Er redet gar nicht zu ſeiner Frau, die er nur
noch in der Entfernung ſieht, ſondern zu den Offi‐
zieren ꝛc. und will ſagen: „Seht, auch meine Frau
habt ihr aus dem Schlafe geſtört:" und dann wieder
zu dem einen Offizier ꞊ ꞊ „du ſollſt andern zum Bey‐
ſpiel dienen."

102 S. 22 Z. Man ſollte das ſeyn, was man
ſcheint; oder diejenigen, die es nicht ſind, ſollten lie‐
ber Schelmen ähnlich ſehen.

Men ſhould be what they ſeem.

Or, thoſe, that be not, would they might
ſeem knaves.

Dieſes iſt die beſte und richtigſte Lesart.

Z. W. Man ſollte das ſeyn, was man ſcheint; oder
wenn man es nicht iſt, ſollte man lieber keinem Men‐
ſchen mehr ähnlich ſehen.

106 S. 1 Z. O! gnädiger Herr, bäten Sie ſich
vor der Eiferſucht; ſie iſt das grünäugige Ungeheuer,
dem es ſelbſt vor der Speiſe ekelt, von der es ſich nährt.

O! beware, my Lord, of jealouſy;

It is a greeney'd Monſter, which doth mock

The meat it feeds on.

Z. W. Welches die Speiſe ſelbſt zerfleiſcht, von der
es ſich nährt.

Die Note war ausgeſtrichen, und hätte ganz wegbleiben ſollen, denn ſie iſt falſch ; *to mock* be=deutet ſo viel als *to loath*, eckeln, und nicht *to mam-mock*, zerſtücken, zerfleiſchen.

106 S. vorletzte Z. Nein! Wenn man einmal zweifelt, ſo muß man darauf beſtehen, ſeinen Zweifel auf=zulöſen.

- - - No, to be once in doubt,
Is once to be refolv'd. - - -

Z. A. Einmal zweifeln heißt, Einmal entſchloſſen ſeyn. Das iſt nicht verſtändlich!

107 S. 9 Wo Tugend iſt, da machen dieſe Dinge ſelbſt noch tugendhafter.

Where virtue is, thefe make more virtuous.

Z. A. Wo Tugend iſt, da ſind dieſe Dinge ſelbſt tugendhaft.

120 S. 7 Z. Bey der ganzen Welt! ich glaube, mein Weib iſt ehrlich, und glaube, ſie iſts nicht; ich glaube, du biſt ehrlich, und glaube, du biſts nicht. = =

- - - By the world,
I think, my wife is honeſt; and think, ſhe's
not;
I think, that thou art juſt; and think, thou
art not.

Z. A. Bey der ganzen Welt! ich glaube, mein Weib iſt ehrlich, und glaube, ſie iſts nicht; ich glaube du biſts nicht. = =

163 S.   10 Z.   Ich bin finſter, wie die Hölle!

I here look grim as hell!

Z. A.   Dabey ſieh ſo finſter auß, wie die Hölle!

163 S.   16 Z.   O! du tödtliches Unkraut! warum
biſt du ſo liebenswürdig ſchön? du riechſt ſo lieblich,
daß ꝛc.

O! thou bale weed! why art ſo lovely fair?

Thou ſmell'ſt ſo ſweet &c.

Z. A.   O! du Unkraut! du ſtehſt ſo ſchön auß,
und riechſt ſo lieblich, daß ꝛc.

Romeo und Julie.

Neunter Band.

228 S. 6 Z. Mein Schlachtschwert: my long sword: statt: meinen langen Degen.

Die in der 3. A. dazu befindliche Note, ist weggelassen worden.

230 S. 13 Z. Indeß wir nun Hiebe und Stösse wechselten ꝛc.

While we were interchanging thrusts and blows &c.

3. A. Indeß wir nun Drohungen und Schläge wechselten ꝛc.

234 S. 1 Z. Leider! daß die Liebe, deren Gesicht immer verhüllt ist, ohne Augen den Pfad zu ihrem Unglück finden sollte.

Alas, that love, whose view is muffled still,

Should without eyes see path - ways to his ill!

3. A. Leider! daß die Liebe, deren Anblick immer verhüllt ist, ohne Gesetze, unserm Willen den Pfad vorzeichnet.

Wer da Sinn finden könnte!

243 S. 6 Z. Wenn man durchs Herumdrehen schwindlich geworden ist, so hilft man sich durchs Herumdrehen auf die andre Seite.

Turn giddy, and be help'd by backward turning,

Z. 7. Wenn man ſchwindlicht iſt, ſo hilft man ſich durchs Herumdrehen auf die andre Seite.

254 S. letzte Z. Kein auswendig gelernter Prolog ſoll matt dem Einhelfer bey unſerm Eintritt nachgeſprochen werden.

> Nor a without book prologue faintly ſpoke
> After the prompter, for our entrance.

Z. A. Kein Prolog ohne Buch ſoll matt ꝛc.
Was iſt denn ein Prolog ohne Buch?

255 S. letzte Z. Pfeil, Shaft, ſtatt: Speer.

257 S. 11 Z. Nie war das Spiel ſo ſchön; und ich habe nichts mehr zu verlieren.

> The game was ne'er ſo fair, and I am done.

Z. A. Nie war das Wild ſo ſchön; und ich bin verloren.

266 S. 6 Z. Wer iſt das Fräulein, das dort die Hand jenes Ritters beglückt?

> What lady's that, that does enrich the hand
> Of yonder knight?

Z. A. Wer iſt das Fräulein, das dort jenem Ritter die Hand giebt?

268 S. 16 Z. Ein zänkiſcher Junge, a ſaucy boy.
Z. A. Ein häßlicher Junge.

298 S. 15 Z. Thisbe ein Katzenauge, oder ſonſt was; aber itzt zum Zwecke.

> Thisbe a grey eye; or ſo: But now to the purpoſe.

Z. A. Thisbe ein Katzenauge, oder sonst was, aber nichts nütze.

302 S. 17 Z. Willst du mit zu deinem Vater gehn? wir wollen dort zu Mittag essen.

Diese Rede findet sich nicht in der Z. A. In der Note sagt der Uebersetzer, daß einige Reden haben wegbleiben müssen: ganz recht; allein warum auch diese? ohne welche die Antwort des Romeo „Ich will dir folgen‟ nicht paßt.

310 S. 8 Z. Freylich ist sein Gesicht nichts besser, als andrer Leute ihres.

Z. A. Freylich ist sein Gesicht besser, als andrer Leute ihres.

316 S. 18 Z. Wahrhaftig, gäb' es nur zwey solche Kerle, wie du, so wäre bald keiner mehr da; denn einer würde den andern umbringen.

Z. A. Wahrhaftig, gäb' es nur zwey solche Kerle, wie du, so wäre bald kein Mensch mehr da; denn einer ꝛc.

337 S. 21 Z. Auffer Verona's Mauern ist keine Welt, sondern lauter Fegfeuer, Tartarus, Hölle selbst!

There's no World without Verona's Walls,
But Purgatory, Tartar, Hell itfelf.

Z. A. Auffer Verona's Mauern ist keine Welt, sondern lauter Fegfeuer, Folter, Hölle selbst!

349 S. 17 Z. Es ist noch lange nicht Tag;
It is not yet near day.

Z. A. Es ist noch nicht gleich vor Tage; ganz unverständlich.

358 S. 13 Z. Man mag mich hinrichten = =

   Let me be put to death, - -

Z. A. Man mag mich zum Tode verurtheilen, = =

392 S. 10 Z. Mangel und Kummer starren aus deinen Augen; auf deinem Rücken hängen Armuth und Verachtung;

   Need and oppreſſion ſtare within thine eyes,
   Contempt and beggary hang upon thy back.

Z. A. Mangel und Kummer darben in deinen Augen; auf deinem Rücken hängt zerlumptes Elend.

397 S. 12 Z. Geh fort, und bleib in der Ferne,

   Hence and ſtand aloof.

Z. A. Geh fort, und bleib dort.

Ende des neunten Bandes.

Viel Lärmen um nichts.

Zehnter Band.

79 S. 2 Z. Ein Wetterhahn, der von jedem Winde bewegt wird:

A väne blown with all Winds:

Z. A. Ein Wetterhahn, der von keinem Winde zu bewegen war:

82 S. 4 Z. Liebst du mich wirklich, so wird deine Zärtlichkeit dich bewegen 2c.

If thou doſt love, thy kindneſs ſhall incite thee &c.

Z. A. Denn wenn du mich liebst, so soll meine Zärtlichkeit dich bewegen 2c.

84 S. 3 Z. Pedro. Pfui! Wer wollte um Zahnweh seufzen!

Leonato. Das doch nur ein Fluß, oder ein Wurm ist.

Z. A. Ist's nur ein Fluß, oder ein Wurm?

86 S. Unten in der Note. With her heels upwards, mit ihren Ferſen aufwärts: dieses ist in der Z. A. „mit ihren Fußsohlen aufwärts,“ übersetzt, welches widersinnisch ist.

162 S.　12 Z.　Ich will in deinen Augen leben, in deinem Schooß sterben, und in deinem Herzen begraben werden.

I will live in thy eyes, die in thy lap, and be buried in thy heart.

Z. A.　Ich will in deinem Herzen leben, in deinem Schooß sterben, und in deinen Augen begraben werden.

———————————

Ende gut, alles gut.

Zehnter Band.

177 S. 1 Z. Dieß junge Kammermädchen hatte einen Vater = = = O! das hatte! welch ein trauriger Uebergang! = = =

Kow sad a passage!

Z. A. O! das hatte! welch ein trauriger Gedanke!

Dieß ist nicht stark genug, sie will sagen, welch ein trauriger Uebergang vom hat, zu hatte!

177 S. 18 Z. Er war geschickt genug, um itzt noch zu leben, wenn Wissenschaft gegen Sterblichkeit etwas vermöchte.

If knowledge could be set up against mortality.

Z. A. Wenn man Wissenschaft gegen Sterblichkeit aufs Spiel setzen könnte.

188 S. 5 Z. Schaffe dir einen guten Mann, und verhalt dich gegen ihn, wie er sich gegen dich verhält.

And use him, as he uses thee.

Z. A. Und brauche ihn, wie er dich braucht.

Zu einem Mädchen gesprochen! da noch dazu das Wort to use hier gar nicht brauchen heißt.

188 S. 10 Z. Das Schicksal giebt uns freye Hand, und hindert nur dann unsre trägen Absichten, wenn wir selbst träge sind.

When we ourselves are dull.

Z. M. Und zieht nur dann unſre träge Abſichten zurück, wenn wir zu einfältig ſind.

205 S.   3 Z. Keine Umwege! Go not about!

Z. M. Darum bekümmre dich nicht. Der Unter: ſchied iſt wichtiger, als man Anfangs glauben ſoll= te. Die Gräfinn wiederholet ihre Frage zu ver= ſchiedenen malen, ob ſie ihren Sohn liebt: Helena will der geraden Beantwortung mit Ja oder Nein ausweichen, macht alſo einen Umweg, und thut die Gegenfrage „Lieben Sie Ihn nicht, gnädige Frau?‟ Hierauf antwortet die Gräfinn „Keine Umwege!‟

240 S.   10 Z. Gerathe nur nicht zu ſehr in Hitze, du möchteſt zu geſchwinde auf die Probe geſetzt werden.

Do not plunge thy ſelf too far in anger, leſt thou haſten thy trial;

Z. M. Du möchteſt dein Urtheil dadurch beſchleu= nigen.

Hier iſt nicht die Rede von einem Urtheile, denn das giebt keinen Sinn; ſondern von der Probe der Herzhaftigkeit.

248 S.   20 Z. Daß Sie ſich ſo gleich bey dem Kö= nige beurlauben, und ſich ſtellen, als rührte dieſe Eil= fertigkeit von Ihnen ſelbſt her, und entſchuldigen Sie dieſelbe mit irgend einer wahrſcheinlichen Nothwen= digkeit.

That

That you will take your inſtant leave o' th'
　　king,
And make this haſte as your own good pro-
　　ceeding;
Strengthen'd with what apology, you think,
May make it probable need.

Z. A. Daß Sie ſich ſo gleich bey dem Könige beurlauben, und dieſe Eilfertigkeit zu Ihrem eignen Beſten
auf irgend eine Art entſchuldigen mögen, die Sie für
die dienlichſte halten, ihr den Anſchein lder Nothwendigkeit zu geben.

252 S. 6 Z. Die Seele dieſes Menſchen ſind ſeine Kleider.

The ſoul of this Man is his cloths.

Z. A. Die Seele dieſes Menſchen ſteckt in ſeinen
Kleidern.

298 S. 9 Z. Da die Franzoſen ſo betriegriſch ſind,
ſo mag Sie heirathen, wer will; ich wollte lieber unverheirathet leben und ſterben.

- - - Since Frenchmen are ſo braid,
Marry'em that will, J'd live and die a maid.

Z. A. Da die Franzoſen ſo betriegriſch ſind, ſo
mag heirathen, wer will; ich will unverheirathet leben
und ſterben.

301 S. 15 Z. Kurz, ihr letzter Athem war ein Seufzer, und itzt ſingt ſie im Himmel.

In fine, made a groan of her laſt breath, and now ſhe ſings in heaven.

Z. A. Endlich gab ſie ihren Geiſt auf, und iſt nun eine Bewohnerinn des Himmels.

332 S. Ich bedaure ſein Unglück mit meinen troſt= reichen Gleichniſſen, und ꝛc.

I do pitty his diſtreſs in my Similies of Com-
fort, and &c.

Z. A. Ich bedaure ſein Unglück mit meinem troſt= reichen Lächeln, ꝛc.

Welchen Sinn giebt uns denn das? der Rüpel vergleicht ihn in ſeiner Rede mit einem Kätzchen der Fortuna, mit einer Bieſemkatze, mit einem Karpen ꝛc. und ſagt am Ende, daß ſein Unglück bey ihm keine weitere Bedauruiß verdient, als ſei= ne troſtreiche Gleichniſſe. Der Herr Ueberſetzer hatte vielleicht *Smiles*, ſtatt: *Similies* geleſen.

339 S. 21 Z. Sie irren ſich, gnädiger Herr; ſie hat ihn nie mit Augen geſehen. In Florenz ward er mir aus einem Fenſter zugeworfen, in ein Papier ge= wickelt, worauf der Name des Frauenzimmers ſtand, das mir ihn zuwarf. Sie war von Adel, und glaub-

te, ich wäre noch frey. Aber da ich ihr mein Schicksal eröfnet, und hinlänglich gezeigt hatte, daß ich ihre
Wünsche nicht erfüllen könnte, ließ sie endlich mit Miß-
vergnügen nach, wollte aber den Ring niemals zurück
nehmen.

> - - - Noble she was, and thought
> I stood ungag'd, but when I had subscrib'd
> To mine own fortune, and inform'd her fully,
> I could not answer in that Course of honour,
> As she had made the overture, she ceast
> In heavy satisfaction, and would never
> Receive the Ring again.

Z. A. Sie war von Adel, und glaubte, sie hätte
mich nun gewonnen. Aber da ich einmal auf dem
W. der Ehre war, und ihr hinlänglich gezeigt hatte,
daß ich ihr Wünsche nicht erfüllen könnte, ließ sie
endlich nach, wollte aber den Ring rc.

342 S. 1 Z. Hier ist die Bittschrift einer Floren-
tin-rinn, die etwa vier oder fünf Stationen zu spät
gekommen ist, und sie selbst hatte übergeben wollen.

> Here's a petition from a Florentine,
> Who has for four or five removes come short
> To tender it herself.

Z. A. Hier ist die Bittschrift einer Florentinerinn,
die etwa vier oder fünf Stationen von hier war, und
sie selbst hatte übergeben wollen.

352 S. 7 Z. Entweder bin ich ein ehrliches Mäd=
chen, oder dieſes alten Mannes Frau.

J'm either Maid, or this old Man's Wife.

8. A. Wenn ich kein ehrliches Mädchen bin, ſo
iſt dieſer alte Mann eine Frau.

Ende des zehnten Bandes.

Koriolanus.

Eilfter Band.

79 S. 9 Z. Das ist noch nicht alles:

Nor all's this:

Z. A. Nun ist alles sein. Das ist sonderbar!

84 S. 2 Z. So würden wir uns selbst zu ungeheuren Gliedern machen;

Should bring ourselves to be monstrous members.

Z. A. So würden wir selbst ungeheure Glieder werden.

84 S. letzte Z. Ach! dein Verstand wird nicht so bald hervorkommen, als eines andern Menschen seiner.

Nay, your wit will not so soon out as another man's will:

Z. A. Ach dein Verstand wird nicht so bald hervorkommen, als eines andern Menschen Wille:

Worinnen gar kein Sinn ist, denn *will* ist hier ein Zeitwort und kein Substantivum.

88 S. 7 Z. Freundlich also bitte ich dich; Kindly, Sir, I pray, let me ha't: statt: freundlich. Ich bitte dich.

91 S. 16 Z. Achtzehn Schlachten, statt: sechs und dreyßig Schlachten.

F 3

92 S. 14 Z. Nach den Worten: Genüge gethan, iſt in der Zürcher Ausgabe ausgelaſſen: „das
Volt giebt dir ſeine Stimme."

103 S. 13 Z. Zeitdiener, Time-pleaſers, ſtatt:
Gleißner;

104 S. 9 Z. Wenn du deine Abſicht erreichen
willſt ꝛc.

If you will paſs to, where you're bound.

Z. A. Wenn du zu deiner Pflicht zurückkehren willſt.

Das iſt ja ganz verkehrt, und hat mit dem,
was folgt, gar keinen Zuſammenhang.

106 S. 20 Z. O! ihr guten, aber ſehr unweiſen
Patrizier ꝛc.

O good, but moſt unwiſe Patricians &c.

Z. A. O! ihr Götter! aber ihr ſehr unweiſen Patrizier ꝛc.

111 S. 5 Z. Du Elender! Verachtung drücke dich
zu Boden!

Thou Wretch! Deſpight o'erwhelm thee!

Z. A. Du Elender! Verachtung überdecke dich.

To overwhelm, heißt überwältigen, zu Boden
drücken.

116 S. 4 Z. Es iſt eine Wunde, die du ſelbſt
nicht verbinden kannſt.

For 'tis a ſore, you cannot tent yourſelf;

Z. A. Es iſt eine Wunde, die wir haben, die du
nicht verbinden kannſt.

Was sollen denn die eigenmächtig hineinge=
schobenen Worte, die wir haben? der Pöbel,
nicht Koriolan's Freunde, war beleidigt und auf=
gebracht.

124 S. 7 Z. Laß sie fahren. Let it go.

Z. A. Laß es gut seyn.

Was soll er gut seyn lassen? Er meint die Ge=
walt, von der seine Mutter sagt, daß er sie schon
abgenützt, ehe er sich recht damit bekleidet, und
antwortet mit Verachtung: „Laß sie fahren:" und
alles das wird mit den schläfrigen, tröstlichen
Worten, „Laß es gut seyn" gegeben.

131. S. 17 Z. Ich werde als Konsul zurück kom=
men, oder niemals meiner Zunge trauen, daß sie es
weit in der Schmeicheley bringen wird.

J'll return Consul, or never trust to what my
tongue can do i'th' way of flattery further.

Z. A. Komm ich nicht als Konsul zurück, so traue
meiner Zunge nicht, wenn sie es künftig in der Kunst
zu schmeicheln weiter bringt.

Wer in diesen Worten einen Sinn finden kann,
den bitte ich mich zu belehren.

137 S. 1 Z. Du verläumdrischer Tribun! wenn
gleich in deinen Augen zwanzig tausendfacher Tod fun=
kelte; wenn du in deinen Händen eben so viel Millio=
nen faßtest, und auf deiner lügenden Zunge beyde

Summen wären; so sagte ich dir doch mit eben der freymüthigen Stimme, womit ich zu den Göttern bete: du lügst.'

Thou injurious Tribune ! Within thine eyes fate twenty thousand deaths, in thy hands clutch'd as many millions, in thy lying tongue both Numbers; I would say, Thou liest unto thee, with a Voice as free, as I do pray the Gods.

S. A. Du verläumdrischer Tribun! in deinen Augen funkelte zwanzigtausendfacher Tod; in deinen Händen faßtest du eben so viele Millionen, auf deiner lügenden Zunge waren beyde Summen! = = Ich sage dir, du lügst, mit eben der freymüthigen Stimme, womit ich zu den Göttern bete!

Den mächtigen Unterschied dieser beyden Uebersetzungen wird jeder Shakespearischer Leser leicht einsehen.

152 S. 16 Z. Kenne mich also lieber nicht; sonst möchten mich deine Weiber mit Spiesen, und deine Knaben in kindischem Handgemenge mit Steinen tödten.

Then know me not, lest that thy wives with spits, and boys with stones, in puny battle slay me.

S. A. Kenne mich also lieber nicht; sonst möchten mich deine Weiber anspeyen ꝛc.

Spits, sind Bratspiese, *to spit* heißt speyen.

154 S. 1 Z. Meinen Geburtsort und meine Freunde habe ich verlassen, itzt gehe ich in diese feindliche Stadt = =

My birth place have I and my lovers left;
This ennemy's town I'll enter;

Z. U. Meinen Geburtsort haß' ich, und meine Liebe fällt nun auf diese feindliche Stadt. = =

Der Ueberseßer hätte sich nicht daran kehren sollen, wenn Steevens hate I für have I liest: der Sinn ist ja deutlich genug; und weit ungezwungener.

167 S. 7 Z. Dieser Frieden taugt zu nichts, als Eisen rostig zu machen, die Schneider zu vermehren und Bänkelsänger auszubrüten.

This peace is worth nothing, but to ruft Iron, encreafe tailors, and breed ballad - makers.

Z. A. Der Frieden taugt doch zu nichts, als Eisen rostig und Schneider reich zu machen, und Bänkelsänger hervorzubringen.

Man darf seinem Autor nicht seine eigne Gedanken leihen.

203 S. 22 Z. Dein kindisches Lallen, thy childishness, statt: deine Kindheit.

204 S. 4 Z. Gegen keine zweyte Brut zärtlich, fond of no second brood, statt: gegen keine andre Brut zärtlich: denn Koriolan's Mutter hatte weiter keine Kinder gehabt.

205 S. 20 Z. Ich ward auch gerührt. I too was mov'd, ftatt: ich ward durch und durch gerührt.

208 S. 15 Z. Ja, das Gefühl des Mitleids fehlet ihm; wenn du eine wahre Beſchreibung von ihm machſt. Yes, mercy, if you report him truly.

Welches in der Zürcher Ausgabe folgendermaſſen überſetzt iſt: Erſtaunlich! wenn du eine wahre Beſchreibung von ihm machſt.

Das iſt ein ganz unglaublicher, ein unverzeyhlicher Fehler. Ich kenne faſt keine ſchönere Stelle im ganzen Shakeſpear, als eben dieſe. Menenius macht eine herrliche Schilderung vom Koriolan, und ſchließt: Ihm fehlt nichts zu einem Gott, als Ewigkeit und ein Himmel, worin er thronte. Worauf Sicinius antwortet: Ja; das Gefühl des Mitleids fehlet ihm: und alles dieſes wird durch das Wort erſtaunlich überſetzt! der herrlichſte Gedanke geht verloren!!!

220 S. 14 Z. Helft mir drey der vornehmſten Soldaten; help, three of th' chiefeſt ſoldjers, ſtatt: helft mir drey oder vier Soldaten; Aufidius, verlangt drey der vornehmſten Krieger, um mit ihm den erblaßten Koriolan wegzutragen, nicht bloß drey oder vier gemeine Soldaten.

Julius Cäsar.

Eilfter Band.

232 S. 16 Z. Aber das muß meine Freunde nicht bekümmern. Unter diesen sey du auch, Kaßius, und schliesse nichts ꝛc.

> But let not therefore my good friends be
>   griev'd,
> Among which number, Cassius, be you one;
> Nor construe &c.

Z. A. Aber das muß meine Freunde, unter denen Kaßius gewiß einer ist, nicht bekümmert machen. Schliesse nichts ꝛc.

234 S. 21 Z. Ist es etwas zum allgemeinen Besten, so setze mir die Ehre vor das eine Auge, und vor das andre den Tod; und ich werde den Tod gleichgültig ansehen. Denn so müssen mir die Götter günstig seyn, wie ich die Ehre mehr liebe, als ich den Tod fürchte.

> And I will look on death indifferently.

Z. A. Und ich werde sie beyde gleichgültig ansehen. Denn so müssen ꝛc.

Das wäre ja ein vollkommner Widerspruch!

235 S. 10 Z. Fürchten zu müssen, statt: bücken zu müssen.

239 S. 13 Z. Bis dahin, mein edler Freund, sey dir genug, was ich itzt antworte. Brutus möchte lieber ein schlechter Bauer ꝛc.

Z. A. Bis dahin, mein edler Freund, denke weiter darüber nach. Brutus möchte lieber ꝛc.

Auf diese Art wäre kein Zusammenhang in der Rede des Brutus.

268 S. 8 Z. Denn Antonius ist nur ein Glied vom Cäsar. Diese Worte fehlen in der Zürch. Ausg.

274 S. 5 Z. Sondern gleich unsern römischen Schauspielern, zeigt unermüdeten Geist und standhaften Muth.

But bear it, as our Roman actors do.

Z. A. Sondern verhaltet euch dabey, wie es Römern anständig ist ꝛc.

Brutus will haben, daß sie ihre Gesichter wie gute Schuspieler verstellen sollen, und das sagt er deutlich.

275 S. 6 Z. Deines Bettes theilhaftig zu seyn.
Consort your bed.

Z. A. Dein Bette angenehmer zu machen.

Das giebt eine sonderbare Idee, doch vielleicht las der Verfasser consort your bed, und dann hatte er recht: aber Shakespear hat das nicht gedacht.

275 S. 18 Z. Aber ein Weib, das die Hochachtung der Welt hat; Kato's Tochter.

I grant, J am a woman; but withal,
A Woman well reputed ; Cato's daughter.

B. X. Aber ein Weib, das die Welt würdig schätzt,
Kato's Tochter zu seyn.

277 S. 20 B. Was es ist, mein Kajus, das will
ich dir auf dem Wege zu dem, den es treffen muß,
entdecken.

What it is, my Cajus,
I shall unfold to thee, as we are going,
To whom it must be done.

B. A. Was es ist, mein Kajus, das will ich dir
unterwegs entdecken, auch wen es treffen muß.

Ende des eilften Bandes.

Macbeth.

Zwölfter Band.

44 S. 21 Z. Der Eine rief, Gott sey mit uns! und Amen! der Andere; als ob sie mich mit diesen Henkershänden gesehen hätten. Auf ihre Furcht horchend, konnte ich nicht Amen! sagen, wie sie sagten, Gott Helf uns.

> One cry'd, *God bless us* and *Amen!* the other.
> As they had seen me with these hangman's hands.
> Listening their fear, I could not say Amen,
> When they did say, God bless us.

Z. A. Der Eine rief, Gott helf uns! und Amen! der Andre; als ob sie mich mit diesen Henkershänden gesehen hätten, auf ihre Furcht horchend. Ich konnte nicht Amen! sagen, wie sie sagten; Gott helf uns!

Man gebe nur auf die Punctation Acht, so wird der Unterschied dieser beyden Uebersetzungen deutlich einleuchten.

46 S. 16 Z. Ich geh' nicht wieder hin = = = Ich erschrecke vor den Gedanken, was ich gethan habe. Geh du wieder hin. Ich mag es nicht.]

> I'll go no more;
> J am afraid to think what I have done.
> Look on't again. I dare not.

J. A. Ich geb' nicht wieder hin = = Ich erschrecke vor dem Gedanken, was ich gethan habe. Bedenk's noch einmal = = Ich wag es nicht.

Jtzt könnte man fragen; wagt er es nicht, es noch einmal zu bedenken, oder noch einmal wieder da hin zugehen. Der Unterschied ist, *Look on't again*, heißt nicht: Bedenk' es noch einmal: sondern, Geh du wieder hin, und so kommt der Sinn vollkommen heraus.

67 S. 14 Z. Nach den Worten; Und ob ich gleich durch öffentliche Macht ihn aus meinem Gesichte vertilgen 2c., war in der Z. A. ausgelassen, And bid my will avouch it, und nichts als meinen Willen zur Ursache angeben könnte: vermuthlich weil dem Herrn Uebersetzer diese Worte zu dunkel geschienen.

68. S. 18 Z. Wir sind entschlossen, mein König.
We are resolv'd, my Lord.

J. A. Ihr seyd entschlossen, mein König.

Wird wohl ein Druckfehler seyn: aber doch ein sehr grober!

72 S. 1 Z. Dunkle Nacht, statt: blendende Nacht.

73 S. 11 Z. Aber er und fast Jedermann pflegt den Weg von hier bis nach der Schloßpforte zu Fuße zu machen.

But he does usualy,
(So all Men do) from hence to th' palace gate,
Make it their Walk.

Z. A. Aber er und fast Jedermann pflegt den Weg von hier bis zur Schloßpforte zu nehmen.

Man beliebe die Situation nach zu sehen, daß Sie da vom Pferde stiegen, und den Weg zu Fuße nahmen, so wird dieser Fehler desto auffallender.

136 S. 1 Z. Wenn du gelogen hast, so sollst du lebendig an dem nächsten Baum aufgehangen werden, bis du vom Hunger verzehrt bist. Sagst du die Wahrheit, so liegt mir nichts daran, wenn du mirs eben so machst.

If thy speech be truth,

I care not, if thou doest for me as much – –

Z. A. Sagst du die Wahrheit, so weiß ich dirs eben keinen Dank, daß du das thust.

Die Hochachtung welche ich für die vorzüglichen Talente des Herrn Uebersetzers habe, verbietet mir, bey dieser Stelle eine Anmerkung zu machen.

Ende des zwölften Bandes.

Leben

Leben König Heinrichs VIII.

Dreyzehnter Band.

10 S. 15 Z. Noch durch große Thaten 2c. statt: noch zu großen Thaten.

17 S. 10 Z. Und will nach eurer Vorschrift zu Werke gehen. And I'll go along by your prescription.

Z. A. Und will nach eurer Vorschrift mich wegbegeben.

Das war wieder, nach dem Wörterbuch übersetzt, aber falsch.

21 S. letzte Z. Hat ihm Gold gezeigt, statt: hat ihm Gold verheißen.

24 S. letzte Z. Sie sind gefährlich. And danger serves among them.

Z. A. Die Gefahr ist in ihrem Dienste.

27 S. 4 Z. Daß dies das Schicksal hoher Ehrenstellen und der rauhe Pfad ist, den 2c.

T'is but the fate of place, and the rough brake
That virtue &c.

Z. A. Das es allemal Personen vom Range so geht, und daß dieß der rauhe Pfad ist, den 2c.

35 S. 5 Z. Kann er nach dem Gesetze noch Gnade erhalten, so 2c.

If he may
Find mercy in the law &c.

Z. A. Kann das Recht ihm noch Verzeihung ge=
währen, so 2c.

Mercy ist Gnade, und die kann das Gesetz in
gewissen Fällen gewähren, aber nie Verzeihung.

39 S. 18 Z. Ganz gewiß er ist freygebig; (edel)
No doubt he is noble.

Z. A. Ganz gewiß ist er von Adel;

Es ist hier die Rede von seiner Großmuth, von
seiner Freygebigkeit.

42 S. 5 Z. Sir Heinrich, bringen Sie jene Reihe
zum Sitzen = =

Place you that side, I'll take the charge of this.

Z. A. Setzt euch an jener Seite, Sir Heinrich = =

42 S. letzte Z. Pflegte er zwanzig Mädchen in ei=
nem Athem zu küssen 2c.

Just as I do now,
He'd kiss you twenty with a breath.

Z. A. Pflegte er ein Mädchen zwanzigmal in ei=
nem Athem zu küssen.

44 S. 7 Z. Hier trink ich euch zu, Mylady, thut
mir Bescheid, denn es gilt das Wohl eines Dinges = =

Here's to your Ladyship, and pledge it, Madam,
For t'is to such a thing – –

Z. A. Hier bring ich euch den Becher, Mylady,
trinkt mir zu = =

59 S. 9 Z. Ja, aber es dauerte nicht.
Yes, but it held not.

З. A. Ja, aber es traf nicht ein.

6= S. 2 Z. Gleichsam der älteste Sohn und Erbe des Glückes thut alles, 2c.

З. A. Gleichsam der älteste Sohne und Erbe thut alles 2c.

81 S. 21 Z. Und durch euch mit vielen Kindern gesegnet bin.

З. A. Und von euch mit 2c.

85 S. 15 Z. Ihr thut sanftmüthig = =

З. A. Ihr seyd sorftmüthig = =

117 S. 11 Z. Der Himmel segne diese Geschäfte!
The Lord increase this business!

З. A. Der Himmel segne diese Unterredung.

126 S. 9 Z. Itzt, wenn ihr könnt, so erröthet und gebt euch schuldig 2c.

Now, if you can, blush, and cry guilty, Cardinal

З. A. Wenn Ihr itzt erröthen und euch für schuldig erkennen könnt.

126 S. 20 Z. Um dadurch die Gerichtsbarkeit aller Bischöffe zu stümmeln.

By which power,
You maim'd the jurisdiction of all bishops.

З. A. Um dadurch alle Bischöfe unter Eure Gerichtsbarkeit zu bringen.

127 S. 1 Z. Wodurch Ihr den König zu Eurem Diener machtet.

G 2

‒ ‒ ‒ In which you brought the king
To be your fervant.

S. M. Und dadurch dem Könige wie Euren Bedienten begegnetet.

129 S. 8 Z. Das ihr mir gönnt!
So farewell to the little good you bear me!

S. A. Das ihr mir bringt!

131 S. 18 Z. Die Ungnade des Königs gegen Euch.
Your difpleafure with the king.

S. M. Euer Mißverständniß mit dem König.

141 S. vorletzte Z. Ich kann fein Gewiffen nicht
tadeln.
I cannot blame his Confcience.

S. A. Ich kann feine Wahl nicht tadeln.

151 S. 7 Z. Aber von feiner Wiege an zur Ehre
beftimmt. Er war ein gründlicher Gelehrter ꝛc.
Was fafhion'd to much honour, from his cradle;
He was a fcholar, and a ripe and good one;

S. A. Aber ganz gewiß zu vieler Ehre beftimmt.
Von feiner Wiege an war er lehrbegierig ꝛc.
Was das für Zeug ift!

167 S. 10 Z. So will ich mit meinen Feinden
über meine eigne Perfon triumphiren, die ich für nichts
halte, wenn ihr diefe Tugenden fehlen.
I with mine ennemies
Will triumph o'er my perfon; which I weigh not
Being of thofe virtues vacant.

J. A. So will ich mit meinen Feinden über meine eigne Person triumphiren, von der ich nicht glaube, daß ihr diese Tugenden fehlen.

169 S. 12 Z. Aus deinen Blicken errath' ich deine Botschaft.

> By thy looks
> I guess thy message.

J. A. Aus deinen Blicken vermuth' ich eine Botschaft.

170 S. 4 Z. Ein gemeiner Kammerdiener, statt: ein gemeiner Stallknecht.

197 S. 21 Z. Die Heiligen müssen sie als eine Jungfrau haben; als eine ganz unbefleckte Lielie wird sie 2c.

> The saints must have her yet a Virgin;
> A most unspotted lily she shall pass
> To th' ground, &c.

J. A. Die Heilige müssen sie haben; noch eine Jungfrau, eine ganz unbefleckte Lilie, wird sie 2c.

198 S. 2 Z. Vor diesem glücklichen Kinde hab' ich nie etwas gezeugt.

> Never before
> This happy child, did I get any thing.

J. A. Vor diesem glücklichen Kinde hab' ich nie etwas besessen 2c.

Cymbeline.

Dreyzehnter Band.

Diefes Stück ift durch Verfehen des Druckers ohne die gemachten Verbefferungen abgedruckt worden. Hier folgen felbige.

204 S. 3 Z. Hat fich mit einem armen, aber würdigen Edelmanne verlobt.

Has referr'd herfelf to a poor but worthy Gentleman.

Soll heiffen: hat fich einem armen, aber würdigen Edelmanne ergeben. Gleich darauf heißt es, daß fie verheirathet find.

209 S. 5 Z. Was er mir thun kann.

What his rage can do me.

Soll heiffen: was fein Zorn mir thun kann.

212 S. 3 Z. Du folltest meine Jugend wieder erneuern, und du überhäufft mich mit Jahren, mit Jahrhunderten.

Warburton und Theobald fchlagen hier wohl die befte Lesart vor:

Thou fhouldft repair my youth, thou heap'ft

A yare age on me.

Und folglich müfte es fo heiffen: du folltest meine Jugend wieder erneuern, und du machft mich (plötzlich) vor der Zeit alt.

213 S. 18 Z. Du Närrinn du! sie waren schon wieder beysammen.

Soll also stehen: du Närrinn du! — (zur Königinn) sie waren schon wieder beysammen.

214 S. 3 Z. Laß sie alle Tage einen Tropfen Bluts verlieren 2c.

Nay, let her languish
A drop of blood a day, &c.

Soll heissen: Laß sie jeden Tag einen Tropfen Blut wegschmachten 2c.

229 S. 15 Z. Du bist ein Freund der Dame, und deßwegen so vorsichtig.

Das ist gerade zu Unsinn. Posthumus sagt, daß er seinen Ring so werth hält, wie seinen Finger, er will aber gegen sein Gold andres Gold wetten: hierauf versetzt der andre:

You are afraid, and therein the wiser.

Du fürchtest dich, und darum bist du eben desto klüger.

264 S. 22 Z. Narren sind nicht wahnwitzig.

Das ist ein abscheulicher Fehler! Kloten sagt zur Imogen; Wenn ich Dich in keinem Wahnwitz verliesse, da begieng' ich eine Sünde; das will ich nicht, hierauf antwortet Imogen;

Fools cure not mad folks.

Narren heilen keine Wahnsinnige.

269 S. 9 Z. Und ich denke, er wird den Tribut bewilligen, die ruckständigen Schulden abtragen, und bedenken, wer unsre Römer sind, deren Andenken ihnen bey ihrem Unmuth noch neu ist. Im Englischen ist der Text also:

>   - - - And I think,
> He'll grant the tribute; fend th' arrearages;
> E'er look upon our Romans, whofe remem-
>   brance,
> Is yet frefh in their Grief.

Es müſte eigentlich fo heiſſen: und ich denke, er wird lieber den Tribut bewilligen, und die ruckständigen Schulden abtragen, als es von neuem mit unſern Römern aufnehmen, deren Andenken zu ihrem Schmerz noch ganz friſch bey ihnen iſt.

274 S. 9 Z. Und das iſt ihre Ehre?

What's this to her honour?

Heißt: Was hat das mit ihrer Ehre zu thun?

Die Note dazu ſollte ganz weggelaſſen werden: denn der Text, ſo wie ihn Theobald verbeſſert, iſt an ſich deutlich genug.

275 S. 10 Z. Sie hab es ſonſt geſchätzt, ſtatt: ſie habe es einſtens geſchätzt.

307 S. vorletzte Z. Wenn du nun deine Geſinnung eben ſo verdunkeln könnteſt, wie dein Glück verdunkelt iſt ꝛc.

Piſanio räth der Prinzeßin Imogen zur Flucht, zur Verkleidung, und ſagt:

> Now, if you could wear a mien,
> Dark as your fortune is.

Das heißt: Wenn du nun dein Geſicht eben ſo ꝛc. Welches wohl einen ganz andern Sinn giebt.

308 S. vorletzte Z. Ach! der hartherzige Mann! auf wem kann ſich dieſes wohl beziehen? vom Poſthumus iſt hier die Rede nicht: er wuſte auch nicht, daß ſeine Gemahlinn Sonne und Wetter ausgeſetzt war. Theobald, den der Herr Ueber=ſetzer ſo oft anführt, hätte ihm ja die rechte Lesart angeben können.

> But oh! the harder hap!

Aber ach! das harte Schickſal!

324 S. 6 Z. Und ſo glaubt' ich, das erbsten oder erkauft zu haben, was ich nahm.

> - - - And thought
> T'have begg'd, or bought, what I have took:

Soll heiſſen: Und war willens das zu erbetteln, oder zu kaufen, was ich genommen habe.

340 S. 1 Z. Ob gleich alle ſeine Ehre nichts wei=ter war, als Veränderung, und noch dazu vom Schlim=men ins Aergere;

> - - - Though his humour
> Was nothing but mutation, ay, and that
> From one bad thing to worſe;

Das heißt: Obſchon ſeine Gemüthsart (ſeine Laune)
nichts als Veränderung war, und ꝛc.

371 S. 6 Z. Wundre dich nicht darüber; du biſt
eher dazu gemacht, dich über das zu wundern, was du
hörſt, als ſelbſt etwas auszuführen. Im Engliſchen
lautet es alſo:

Nay, do but wonder at it; you are made
Rather to wonder at the things you hear,
Than to work any.

Ja, wundre dich nur darüber; du biſt eher gemacht,
dich über das zu wundern, was du hörſt, als ſelbſt
Wunder zu thun.

Iſt wohl ein ganz weſentlicher Unterſchied!

599 S. vorletzte Z. Nach den Worten, weh mir,
iſt ausgelaſſen, dem leichtgläubigſten Narren.

Ende des dreyzehnten Bandes.

König Lear.

Vierzehnter Band.

19 S.   19 Z.   So bedaure ich denn, daß Ihr euren Vater so verloren habt, daß Ihr auch einen Gemahl verlieren müßt.

J'm sorry then, you have so lost a father,
That you must lose a husband.

Z. A.   So bedaure ich denn, daß Ihr auch einen Gemahl verlieren müßt, da Ihr schon einen Vater verloren habt.

21 S. vorletzte Z.   Wer Fehler verdeckt, wird am Ende mit Schande verlacht.

Who covers faults at last with shame derides.

Z. A.   Wird am Ende von der Schande verlacht.

24 S.   1 Z.   Weil ich etwa zwölf oder vierzehn Monate später kam, als mein Bruder?

For that I am some twelve or fourteen Months lag of a brother?

Die Z. A. hat: früher kam, als mein Bruder. Daß dieses falsch sey, beweise ich aus den Worten seines Vaters Glo'sters im ersten Auftritt, 6 Seite 18 Zeile, wo er sagt: „Ich habe zwar auch einen „rechtmäßigen Sohn, der etliche Jahre älter, aber „mir doch nicht lieber ist, als dieser.‟

42 S. 15 Z. Da haſt du Handgeld auf deinen Dienſt.

There's earneſt for thy ſervice.

Z. A. Da haſt du eine Erkenntlichkeit für deinen Dienſt.

Dem König Lear gefällt die Handlung des Kent ſo wohl, daß er ihn in ſeinen Dienſt nimmt, und ihm Handgeld darauf giebt, aber nicht eine Belohnung, daß er den Haushofmeiſter hinausgeſtoſſen hat, und deswegen ſagt er: earneſt for thy ſervice, und nicht reward.

48 S. 12 Z. Mich wundert, wie du und deine Töchter in Verwandſchaft ſeyn können; ſie wollen mich peitſchen laſſen, wenn ich die Wahrheit ſage, und du willſt mich peitſchen laſſen, wenn ich lüge.

I marvel what kin thou and thy daughters are &c.

Z. A. Mich wundert, was du und deine Töchter für ſonderbare Geſchöpfe ſind ꝛc.

Der Unterſchied iſt weſentlich.

50 S. verletzte Z. Der Häher, the hedge-sparrow, ſtatt: der Sperling. Welches auf engliſch sparrow heißt.

52 S. 19 Z. Euer Gefolge um fünfzig zu vermindern.

Of fifty to disquantity your train.

Z. A. Euer Gefolg ein wenig zu vermindern.

54 S. 6 Z. Höre, Natur, höre! theure Göttinn, höre einen Vater!

Hear, Nature, hear; dear Goddeſs, hear a father!

Z. A. Höre, Natur, höre! theure Göttinn vernimm mich!

57 S. 13 Z. Da ich ihr die Unſchicklichkeit davon vorgeſtellet habe = = = the unfitneſs, ſtatt: die Beſchwerlichkeit = = =

74 S. 12 Z. Ein Steinmetz oder ein Mahler hätten ihn nicht ſo ſchlecht machen können, wären ſie auch nur zwey Stunden bey dem Haudwerk geweſen.

Had they been but two hours of the trade.

Z. A. Wär er auch nur zwey Stunden in der Arbeit geweſen.

Ende des vierzehnten Bandes;

Leben und Tod des Königs Johann.

Fünfzehnter Band.

Auch zu diesem Stücke waren die Verbesserungen und Berichtigungen fertig, und wurden mit
dem Stücke selbst in die Druckerey gegeben, allein
durch Versehen des Setzers geschah es, daß das
Stück selbst, ohne die gemachten Verbesserungen
gedruckt ward.

6 S. 18 Z. Der stolze Widerspruch eines hefti-
gen und blutigen Krieges x.

The proud controul of fierce and bloody war,
Controul bedeutet hier Zwang, es muß also heissen: Der stolze Zwang eines x.

In der folgenden Rede wäre dieß Wort noch
zweymal abzuändern.

13 S. 1 Z. Dieser junge Herr ‒ ‒ ‒ This lusty
Gentleman, muß heissen: dieser muthwillige Herr ‒ ‒

14 S. letzte Z. Meine Arme solch aalhautiges Zeug.
My arms such eel skins stufft; muß heissen: meine
Arme solche ausgestopfte Aalhäute.

46 S. 13 Z. O! wie füttert der Tod x. soll heissen: O! itzt füttert x.

48 S. 9 Z. Ich möchte itzt gleich diese Nichtswürdigen nach Hause treiben, bis x. I'd play incessant-
ly upon these jades.

Soll heissen: ich könnte diesen Nichtswürdigen ohne Aufhören zu setzen, bis 2c.

84 S. 8 Z. Philipp, statt: Richard, denn er spricht ja mit Faulconbridge, und nicht mit dem Könige von Frankreich.

108 S. 14 Z. Wohlan denn; du sollst leben.

Well, see to live.

Soll heissen: Siehe, um zu leben: Das folgende rechtfertigt diese Verbesserung.

142 S. Beym zweyten Auftritt sind die Personen vergessen worden. Wie folget:

König Ludwig, Salisbury, Melun, Pembrock, Bigot, alle bewaffnet, und Soldaten.

164 S. 1 Z. Und alle die Taue, soll heissen: und alle die Segel.

Leben und Tod Richards des Zweyten.

Fünfzehnter Band.

174 S. 11 Z. Und dies zu beweisen, fodere ich ihn heraus, bey allen Vortheilen, die er über mich haben kann, an welchen Ort er will, und müßt ich auch mit nacktem Fuß bis auf die befrornen Gipfel der Alpen rennen.

> Which to maintain, I would allow him odds,
> And meet him, were I ty'd to run a foot
> Even to the frozen ridges of the Alps.

Z. A. Und bin bereit, ihm zu beweisen, daß ers ist, an welchem Ort er will, mich gegen ihn zu stellen, und müßt ich auch mit nacktem Fuß auf die befrornen Gipfel der Alpen rennen.

176 S. 16 Z. Will ich nicht lebendig wieder absteigen.

> - - - Alive may I not light.

Z. A. Will ich nicht gesund wieder absteigen.

180 S. 14 Z. In Zorn entbrannte Ritter, statt: Jünglinge.

186 S. 20 Z. Daß sie seinem schäumenden Rosse den Rücken brechen, statt: den Nacken brechen.

189 S. 15 Z. Und meine Nachkommenschaft.

> And my succeeding issue.

Z. A. Und seine Nachfolger.

Was hatte denn Mowbrey mit den Nachfolgern des Königs zu schaffen? 191 S.

191 S. 20 Z. So wie deine Sache gerecht ist, so sey in diesem königlichen Kampfe dein Glück!

- - - As thy Cause is right,
So be thy fortune in this royal fight!

Z. A. Wofern deine Sache gerecht ist, so sey in diesem königlichen Kampfe glücklich.

194 S. 7 Z. Empfange deine Lanze;

Receive thy Lance;

Z. A. Nimm diese Lanze;

194 S. 19 Z. Und fodert ihn zum Kampf auf.

And dares him to set forward to the fight.

Z. A. Und wagt es ihn zum Kampf aufzufodern.

195 S. 13 Z. Nähert euch, statt: kommt näher herbey.

205 S. 13 Z. Nackend im Schnee des Decembers sich wälzen, statt: gehen.

213 S. 1 Z. Noch immer sclavisch und ungeschickt nachahmt.

In base awkward imitation.

Z. A. Noch immer auf die niedrigste Art nachahmt.

222 S. 5 Z. Im Kriege war nie ein wüthender Löwe kühner.

In war, was never a Lion rag'd more fierce;

Z. A. Im Kriege wütete nie ein Löwe kühner.

233 S. 13 Z. Mit allen ihren mächtigen Freunden, statt: Feinden.

H.

234 S. 5 Z. Verzweifelt nicht. Despair not.

Z. A. Laßt den Muth nicht sinken.

Die Antwort der Königinn paßt nicht gut darauf.

242 S. letzte Z. Die Schatzkammer der Armen sey so lange Bürge für mich = =

Evermore thanks, th' Exchequer of the poor &c.

Z. A. Die Wiedervergeltung der Armen sey Bürge für mich = =

250 S. 15 Z. Sehe ich deinen Glanz, gleich einem herabschießenden Sterne, vom Firmament auf die niedrige Erde fallen, statt: tief auf die Erde fallen.

261 S. 1 Z. Die Spinnweiber.

The Distaffwomen.

Z. A. Die Flachsweiber.

269 S. 11 Z. So gar lege ich meine Waffen und Macht zu seinen Füssen, mit der Bedingung, daß er mir den Widerruf meiner Verbannung, und die Zurückgabe meiner Ländereyen freywillig zugestehn;

Ev'en at his feet I lay my Arms and power,

Provided, that my banishment repeal'd,

And Lands restor'd again, be freely granted;

Z. A. Sagt ihm, ich sey hieher gekommen, meine Waffen und Macht zu seinen Füssen zu legen, so bald er mir den Widerruf meiner Verbannung, und die Zurückgabe meiner Ländereyen freywillig zugestehen wolle.

312 S. 20 Z. Wir sind nun Bolingbroke's geschworne Unterthanen, statt: wir sind nun Bolingbroke's Unterthanen.

314 S. 21 Z. He! ist Niemand da! Sattelt mein Pferd = =

Hoa, who's within there? saddle my horse.

– B. U. Ha! was steht da drinn! Sattlet mein Pferd.

Das war weit vom Ziel: er fragt nicht noch einmal, was in dem Papier steht, denn das weiß er schon, sondern er ruft seine Bediente.

319 S. 7 Z. War dein Vergehen Vorsatz oder That? statt: That oder Vorsatz. Sonsten kömmt ein verkehrter Sinn heraus.

328 S. 9 Z. Wenn sie im Blocke sitzen, statt: wenn sie im Stockhause sitzen.

Ende des fünfzehnten Bandes.

Erster Theil König Heinrichs des IV.

Sechszehnter Band.

5 S. letzte Z. Von diesem wilden Wäliser, statt: von den wilden Wallisern = =

26 S. 13 Z. Wie eine Modenhändlerinn, like a milner - -

Z. A. Wie ein Specereykrämer = =

31 S. 13 Z. Ja, um seinetwillen will ich alle meine Adern ausleeren = =

In his behalf, I'll empty all thefe veins - -

Z. A. Ja, ihm zur Seite will ich ic.

32 S. 3 Z. Und auf mich wandte er ein sterben=des Auge, und zitterte so gar bey dem Namen Mor=timer.

And on my face he turn'd an eye of death,
Trembling ev'n at the Name of Mortimer.

Z. A. Und auf mich wandte er ein Auge voll Mord=sucht, und zitterte vor Wuth selbst bey dem Namen Mortimer.

Das hat er nicht gethan; sondern bey dem blossen Namen Mortimer sind seine Wangen blaß geworden, seine Augen haben das Feuer verloren, und seine Glieder vor Furcht gezittert.

38 S. 4 Z. Als Ihr mit ihm von Ravensburg zuruckkamt, statt: als Ihr mit mir von ic.

43 S.   17 Z.   Ihr Fuhrleute, statt: ihr Schwäger.

49 S.   17 Z.   Ich will eher verhungern, als weiter zu Fuß stehlen.

I'll starve, e're I'll rob a foot further.

Z. A.   Ich will eher verhungern, als einen Schritt weiter thun.

Dies ist offenbar falsch; Fallstaff sagt im Anfang der Rede, daß er auf's Stehlen ausgegangen sey, und jetzt verschwört er sich, daß er nie wieder zu Fuß auf's Stehlen ausgehen will.

50 S.   13 Z.   Mein Fleisch nicht noch einmal so weit zu Fuß tragen.

I'll not bear mine flesh so far afoot again, for all the coin &c.

Z. A.   Mein Fleisch keinen Fußbreit weiter schleppen.

51 S.   4 Z.   Werd' ich ertappt, so will ich euch angeben.

If I be ta'en, I'll peach for this;

Z. A.   Werd' ich ertappt, so will ich mich schon darüber beschweren.

66 S.   18 Z.   Getränk, statt: Geschöpf.

84 S.   1 Z.   Es treibt den Menschen auf wie eine Blase.

It blows a man up like a bladder.

Z. A.   Man dunset davon auf, wie eine Seifenblase.

90 S.   18 Z.   Gefälligen Augen, statt: hübschen Augen.

H 3

101 S.　11 Z.　Ihr werdet ihn noch raſend machen.

You will make him mad.

Z. A.　Ihr macht ihn noch böſe.

104 S.　3 Z.　Ich will den Strom an dieſer Stelle
ausfüllen laſſen, ſtatt: austrocknen laſſen.

106 S.　Lieber will ich einen ehernen Leuchter an=
ſchrauben hören.

I'd rather hear a brazen candleſtick turn'd.

Z. A.　Lieber will ich einen eiſernen Leuchter um=
fallen hören.

108 S.　16 Z.　Der geringſte von dieſen Fehlern,
wenn er einem Edelmann anklebt, macht, daß er die
Herzen der Menſchen verliert, und läßt einen Flecken
auf allen übrigen ſchönen Eigenſchaften zurück, die nun
nichts empfehlendes mehr behalten.

The leaſt of which, haunting a Nobleman,
Loſeth men's hearts, and leaves behind a ſtain
Upon the beauty of all parts beſides :
Beguiling them of Commendation.

Z. A.　Fehler, wodurch ein Edelmann die Herzen
der Leute verliert, und die einen Flecken auf alle die
ſchönen Eigenſchaften werfen, die nun nichts empfeh=
lendes mehr behalten.

110 S.　3 Z.　Aber ich will nicht aus der Schule
bleiben, bis ich ꝛc.

But I'll never be a truant, love,
Till I have learnt thy Language.

Z. A. Aber ich will nicht ruhen bis ich ꝛc.

118 S. 9 Z. Das ist ein Frauenzimmer Fehler,

T'is a woman's fault.

Z. A. Das gehört für Frauen.

113 S. 2 Z. Und, so wahr mich Gott bessere! statt: so wahr mir Gott helfe!

119 Z. 1 Z. Und nun wider meinen Willen, durch thörichte Zärtlichkeit sich blendet.

Which hath desir'd to see thee more;

Which now doth, what I would not have it do,

Make blind itself with foolish tenderness.

Z. A. Und nun wider meinen Willen von einer übertriebenen Zärtlichkeit überfließt.

120 S. 17 Z. Wie ein Hund hinter ihm herzu laufen = =

To dog his heels — —

Z. A. Dich wie ein Hund um seine Füße zu schwingen = =

122 S. 9 Z. Sterben in diesem Worte, statt: in dieser Erklärung.

123 S. 18 Z. Ich bin ausgetrocknet wie ein altes Apfel.

I'm witherd like an old apple.

Z. A. Wie ein verfaulter Apfel: ein verfaulter Apfel trocknet nicht aus, und die Vergleichung paßt nicht.

H 2

129 S. 4 Z. Soll ich in meinem Wirthshauſe keine Ruhe haben?

Shall I not take mine eaſe in mine inn?

Z. A. Soll ich in meiner Wohnung keine Ruhe haben?

139 S. 15 Z. Eures Vaters Krankheit iſt eine Verſtümmlung für uns.

Your father's ſikneſs is a maim to us.

Z. A. Eures Vaters Krankheit iſt ein groſſer Schade für uns.

146 S. Die bey dem Knalle einer Kanone ärger zittern, als ꝛc.

As fear the report of a Culverin, worſe &c.

Z. A. Die vor dem bloſſen Namen einer Kanone ꝛc.

166 S. 14 Z. Die Zeit iſt noch nicht verfallen.

'Tis not due yet.

Z. A. Izt noch nicht.

Zweyter Theil König Heinrichs des IV.

Sechszehnter Band.

220 S. 15 Z. **Ihr Engel ist leicht.** Your angel is light.

Z. A. Ein böser Engel ist leicht.

231 S. 22 Z. **So, so, entludest du, gemeiner Hund, deinen verschlingenden Busen des königlichen Richards;**

So, so, thou common dog, didst thou disgorge
Thy glutton bosom of the royal Richard.

Z. A. So, so entludest du, gemeiner Gassenhund, deinen gefräßigen Schlund des königlichen Richards.

234 S. 11 Z. **Kann ich ihn nur einmal packen, so acht ich sein Stoßen nicht.**

If I can close with him, I care not for his thrust.

Z. A. Kann ich ihn nur einmal zu packen kriegen, so acht' ich sein Pochen nicht.

238 S. 9 Z. **Weil du ihn mit einem Bänkelsänger von Windsor verglichen hattest.**

When the Prince broke thy head, for likening him to a singing Man of Windsor.

Z. A. Weil du seinen Vater mit einem Bänkelsänger von Windsor verglichen hattest.

241 S. 14 Z. **Eine deutsche Jagd.** A German hunting.

Z. A. Eine Bärenjagd.

244 S. 1 Z. Da Ihr in den Grafschaften, wo Ihr durchgehet, Soldaten anwerben solltet, statt: da Ihr gehen solltet, und in den Grafschaften Soldaten anwerben.

274 S. 19 Z. Er hätte einen guten Kellner abgegeben; er hätte das Brod recht hübsch abgeschabt.

He would have made a good pantler; he would have chipt bread well.

Z. A. Er hätte einen guten Brodmeister abgegeben; er hätte es recht hübsch vorgeschnitten.

502 S. 1 Z. Sie konnte niemals mit mir auskommen. She never could away with me.

Z. A. Sie konnte niemals von mir wegkommen.

302 S. 3 Z. Sie sagte immer, sie könnte Herrn Schallow nicht ausstehen.

She would always say, she could not abide Master Shallow.

Z. A. Sie sagte immer, sie könnte nicht ohne Herrn Schallow seyn. Just das Gegentheil!

313 S. 9 Z. Käme die Empörung in der ihr eignen Gestalt, in niedrigen, verworfnen Rotten, von blutgierigen Jünglingen angeführt, gespornt durch Wuth ꝛc.

Led on by bloody youth, goaded with rage.

Z. A. Von blutreichen Jünglingen angeführt, mit dem Anschein der Wuth ꝛc.

331 S. 2 Z. Gleich jungen, vom Joche befreyten Stieren. Like yoothful steers unyok'd,

Z. A.   Gleich jungen, unbejochten Stieren.

338 S.   3 Z.   Sie sind durchgehends Narren und feige Memmen; einige von uns würden es auch seyn, wenn wir uns nicht zuweilen durch Getränke erhitzten.

They are generally fools and cowards; which some of us should be too, but for inflammation.

Z. A.   Einige von uns können das auch werden, aber nur aus zu grosser Hitze.   Das ist erbärmlich!

342 S. 16 Z.   Aber ist er verdrießlich, dann gieb ihm Raum und Willen, bis seine Leidenschaften, gleich einem Wallfische im Sande, sich durch heftiges Arbeiten erschöpft haben.

'Till that his passions, like a whale on ground, Confound themselves with working.

Z. A.   Gleich einem zu Grunde sinkenden Wallfisch sich durch 2c.

353 S.   5 Z.   Er kömmt gleich hieher.   War in der Z. A. ausgelassen.

395 S.   5 Z.   Meine Pflicht, statt: meine Ergebenheit.

Ende des sechszehnten Bandes.

Leben König Heinrichs des Fünften.

Siebenzehnter Band.

12 S. vorletzte Z. Bedenkt also wohl, wozu Ihr unsre Person verpfändet. Therefore take heed, how you impawn our person - -

Z. A. Bedenkt also, in welche Verlegenheit Ihr uns setzt.

20 S. 4 Z. Engelland ist doch immer mehr geschreckt als beschädigt worden, statt: mehr gefürchtet als beschädiget worden.

20 S. 7 Z. Als ihre ganze Ritterschaft ic.

When all her chivalry &c.

Z. A. Als alle ihre Reuterey ic.

32 S. 8 Z. Ich sage wenig; aber erfodert es die Zeit, so werd' ich lächeln, und meine Klinge steif ausstrecken; es ist ein einfältiges Ding, aber ic.

I say little, but when time shall serve, there shall be smiles - - - and hold out mine iron; it is a simple one - - but - -

Z. A. Ich sage nichts; aber kömmt Zeit, kömmt Rath = = = und meine Klinge in der Hand halten; es ist eine einfache Klinge, aber ic.

41 S. 11 Z. Wir wollen zu Schiffe.

We will aboard;

Z. A. Wir wollen uns auf den Weg machen. So spricht man, wenn man zu Lande reisen will.

54 S. 14 Z. Einen Floh, a Flea, ſtatt: eine Fliege. Das heißt den drolligſten Einfall Falſtaff's verhunzt.

72 S. 8 Z. Er wird uns alle in die Luft ſprengen, wenn ꝛc.

I think, h' will plow up all, if.

Z. A. Er wird über uns alle herfallen, wenn ꝛc.

73 S. 18 Z. 'S iſt ſchlecht gethan; die Arbeit iſt verlaſſen worden = = = 's iſt ſchlecht gethan, daß die Arbeit iſt verlaſſen worden, o 's iſt ſchlecht gethan = = = 's iſt ſchlecht gethan.

Tiſh ill done; the work iſh given over - - - the work iſh ill done; it iſh give over. O tiſh ill done, tiſh ill done &c.

Z. A. 'S iſt dumm Zeug; die Feſtungswerke ſind übergeben = = = 's iſt dumm Zeug, 's iſt übergeben ꝛc.

Ich begreife nicht, wie der Ueberſetzer hier auf die Uebergabe der Feſtungswerke hat verfallen können: der Schottländer, welcher hier redet, hatte Laufgräben angelegt, und erhielt Befehl von der Arbeit abzulaſſen, worüber er ſich ſo ſehr ärgert. *To give over* heißt nicht übergeben, ſondern von einer Sache ablaſſen: *to ſurrender* heißt übergeben.

83 S. 11 Z. Und luſtigen Couranten lehren, ſtatt: lernen.

94 S. 3 Z. Er habe ſeine Anhänger verrathen, ſtatt: ſeine Nachfolger.

116 S. 3 Z. Aber er weiß es lange nicht, statt: aber man weiß es rc.

Es ist die Rede noch immer von Sclaven, und man muß den ganzen Periodum lesen um die Nothwendigkeit der Berichtigung dieses Fehlers einzusehen.

158 S. verletzte Z. So werde ich ihm denselben kühn herunter schlagen. I will strike it out soundly.

Z. A. So werd' ich ihn tüchtig ausprügeln.

Es ist hier die Rede von einem Handschuh, den ein Soldat als ein gegebenes AusforderungesZeichen an dem Hut tragen soll, um sich seinen Ausfoderern bey Tage erkennen zu geben; also gar nichts vom tüchtig ausprügeln.

186 S. 8 Z. Die Prinzeßinn ist ein desto besser englisches Frauenzimmer.

The Princess is the better English Woman.

Z. A. Die Prinzeßinn ist das beste englische Frauenzimmer.

186 S. 13 Z. Ungeschickten König, a plain King, statt: ungeschliffnen rc.

186 S. 15 Z. Pächterey, statt: Bauerhof.

187 S. 1 Z. Ich schon verstehn. Me understand well.

Z. A. Versteht mich recht. Das war just verkehrt.

Erster Theil König Heinrichs des VI.

Siebenzehnter Band.

208 S. 15 Z. Mit schreckendem Feuer erfüllt: repleat with awful fire, statt: mit grimmigem Feuer erfüllt.

234 S. 13 Z. Sieh, ob die Küste wieder leer ist; See the coast cleard and then &c.

Z. A. Nun ist die Küste wieder leer.

236 S. 15 Z. Schon vorher wollte man mich aus Verachtung einmal gegen einen weit schlechtern Kriegsmann austauschen. In der Z. A. sind die Worte, aus Verachtung, in contempt, ausgelassen worden.

240 S. 17 Z. Züchtigen, statt: zu Paaren treiben. Man sagt nicht: ein Mädgen zu Paaren treiben.

246 S. 6 Z. Das reich mit Edelsteinen besetzte Kästchen des Darius. The rich-jewel'd coffer of Darius.

Z. A. Der reich mit Edelsteinen besetzte Sarg des Darius.

258 S. letzte Z. Ich lache darüber, daß ich sehe, wie ihr, meine Gräfinn, so thöricht seyd zu glauben, ihr hättet etwas anders, als Talbot's Schatten vor euch, um eure Strenge an ihm auszulassen.

I laugh to see your ladyship so fond,
To think, that you have aught but Talbot's
    shadow,
Wheron to practise your severity.

Z. A. Ich lache darüber, daß ich sehe, wie Ihr, meine Gräfinn, so thöricht seyd zu glauben, Ihr habt nichts, als Talbot's Schatten vor euch, um eyre Strenge an ihm auszulassen.

271 S. 18 Z. Sein Leiden iſt ſo groß wie das meinige. His wrong doth equal mine.

S. A. Seine Bedrückung iſt auch die meinige.

309 S. 2 Z. Indeß geh ich zu ſeiner Majeſtät, um die Erlaubniß zu erhalten, dieſen Schimpf zu rächen.

But I'll unto his Majeſty, and crave
I may have liberty to' venge this wrong.

Z. A. Indeß werd' ich ſchon Freyheit erhalten, dieſen Schimpf zu rächen;

310 S. 3 Z. Ich werde eben ſo bald da ſeyn wie du; und hernach werde ich dich eher antreffen, als es dir lieb ſeyn wird.

I'll be there as ſoon as you;
And, after meet you ſooner as you would.

Z. A. Ich bin bey dir; und du ſollſt mich noch eher antreffen, als es dir lieb ſeyn wird.

348 S. 9 Z. Oder mit Meuterey dieſes Land verderben. Or ſack this Country with a Mutiny.

Z. A. Oder Meuterey in dieſem Lande anfangen.

351 S. 10 Z. Zum Handgeld fernerer Wohlthaten geben. In earneſt of a further benefit.

Z. A. Zum Lohne fernerer Wohlthaten geben. Was heißt das?

352 S. 12 Z. Eine hübſche Beute, die ſich für Seiner Gnaden den Teufel ſchlägt!

A goodly price, fit for the Devil's grace!

Z. A. Eine hübſche Beute, die mir des Teufels Gnade erwerben kann!

Ende des ſiebenzehnten Bandes

Zwey-

Zweyter Theil König Heinrichs des VI.

Achtzehnter Band.

4 S. 7 Z. Und wurde vermählt. Diese Worte sind nicht in der Zürcher Ausgabe.

4 S. 7 Z. Und nun übergebe, statt: überliefre ich = =

4 S. 9 Z. Meine Rechte auf die Königinn in deine gnädigste Hand = =

> Deliver up my title in the Queen,
> To your most gracious hand.

Z. A. Die Königinn selbst deiner gnädigsten Hand.

23 S. 21 Z. Ein gescheidter Schelm, a crafty knave, statt: ein gescheidter Kerl.

24 S. 2 Z. Ein paar durchtriebene Spitzbuben, a pair of crafty knaves, statt: ein paar gescheidte Kerls.

26 S. 9 Z. Ist Niemand da? Who is there? Z. A. Was ist das?

29 S. 6 Z. Ich selbst habe ihr in einem Busche Leimstangen gelegt = =

> My self have lim'd a bush for her.

Z. A. Ich habe ihr selbst eine Schlinge gelegt.

Was folgt, rechtfertiget meine Verbesserung.

29 S. vorletzte Z. Und dann sollt Ihr selbst das glückliche Königreich regieren.

> And you yourself shall steer the happy Realm.

Z. A. Und dann ſollt Ihr ſelbſt das glückliche Ruder der Regierung ſteuren. Geſchweige daß dieſer
Ausdruck nicht im Engliſchen iſt, ſo ſagt man auch
nicht, das Ruder ſteuren, ſondern man ſteurt ein
Schiff vermittelſt des Ruders.

33 S. 2 Z. Obgleich hier, wer am meiſten Herr
iſt, nicht die Hoſen trägt = = =

> Though in this place moſt maſter wears no
> breeches.

Z. A. Obgleich hier die meiſten Männer nicht männ-
lich handeln = =

37 S. 12 Z. Der Menſchen Zorn iſt wider mich!

> The ſpight of Men prevaileth againſt me!

Z. A. Der Zorn eines Mannes iſt ſo mächtig wider mich!

44 S. 18 Z. Ey, Mylord Karbinal, was denkt
Ihr davon? wäre es ꝛc.

> Ah, Mylord Cardinal, how think you by that?

Z. A. Wie könnt Ihr das denken?

64 S. 17 Z. Da er ſo ſehr verſtümmelt iſt.

> Scarce himſelf,
> That bears ſo ſhrew'd a maim.

Z. A. Da ihm eine ſo böſe Wunde verſetzt iſt.

70 S. 20 Z. Der ſonſt den Rädern deines ſtolzen
Wagens folgte.

> That erſt did follow thy proud chariot wheels.

Z. A. Der ſonſt den ſtolzen Rädern deines Wagens
folgte.

74 S. 13 Z. Das heißt die Sache in Geheim getrieben! = =

This is close dealing - -

Z. A. Das Verfahren ist sonderbar!

78 S. 6 Z. Wäre es auch des Morgens, da doch jeder dem andern die Zeit bietet = =

When every one will give the time of day - -

Z. A. Da doch jeder dem andern guten Tag wünscht.

87 S. 14 Z. Hat er nicht unsrer gnädigsten Königinn hier mit den schimpflichsten Worten, wiewohl sehr rednerisch und gelehrt, Vorwürfe gemacht, als ob sie Jemand angestiftet hätte, falsche Anklagen wider ihn zu beschwören, um Ihn zu Grunde zu richten.

Has he not twit our sovereign Lady here
With ignominious words, though clarkly couch't?
As if she had suborn'd some to swear
False Allegations.

Z. A. Hat er nicht unsrer gnädigsten Königinn hier mit den schimpflichsten Worten, die wir alle haben niederschreiben lassen, Vorwürfe gemacht, als ob sie Jemand angestiftet hätte, sich in ein falsches Bündniß zum Untergang seines Staats einzulassen? Wie falsch!

91 S. 5 Z. Die Gemeinden werden vielleicht dasselbe thun. Diese Worte sind in der 3. A. gänzlich vergessen worden.

93 S. 6 Z. Aber ich wünschte, daß er stürbe, Mylord Suffolk, noch ehe Ihr den Priesterorden annehmen könnt.

Ere you can take due orders for a priest.

J 2

Z. A. Noch ehe, als Ihr Anstalt machen könnt, ihm einen Priester zu verschaffen.

Man erinnre sich, daß hier der Kardinal redet.

93 S. 21 Z. Welche die Engländer niedermachen. And put the Englifhmen to the Sword.

Z. A. Welche die Engländer reizen die Waffen zu ergreifen.

97 S. 10 Z. Ihr erwärmt die verhungerte Schlange. The starv'd snake.

Z. A. Die hungrige Schlange.

110 S. 12 Z. Aber ihr beyde habet dem Herzog Humphry den Tod geschworen.

But both of you have vow'd duke Humphry's death.

Z. A. Aber ihr beyde wart Herzogs Humphry's geschworne Feinde.

112 S. 22 Z. Dich zwingen zu sagen, du habest 2c. statt: so würde ich sagen, du habest 2c.

124 S. 5 Z. Wie ein gespaltenes Schiff, even as a splitted bark - -

Z. A. Wie ein gescheitertes Schiff - -

Man lese was folgt, so wird man das Wort gescheitert, sehr unschicklich finden.

143 S. 12 Z. Wir trafen ihn dabey an, daß er seinen Jungen Vorschriften machte.

We took him setting boys copies.

Z. A. Daß er die Schreibbücher seiner Jungen durchsah.

Dritter Theil, König Heinrichs des VI,

Achtzehnter Band.

206 S. Er selbst, Lord Clifford und Lord Stafford
dicht an einander geschlossen, griffen unsre Schlachtord=
nung an, brachen ein, und wurden rc.

    - . - Himself,
Lord Clifford and Lord Stafford, all a‐breast,
Charg'd our main battle's front; and breaking in
Were by the swords of common soldiers slain.

Z. A. Er selbst, Lord Clifford, und Lord Stafford,
stellten sich mit dem Gesichte hart unsrer Schlachtord=
nung gegen über, thaten einen Angriff, und wurden rc.

Was heißt, sich mit dem Gesichte hart einer
Schlachtordnung gegen über stellen?

215 S. 2 Z. K. Heinrich. Sage mir, kann nicht
ein König einen Thronfolger einsetzen?

        York. Was folgt daraus? What then?

Z. A. Wozu das?

What then? heißt, was folgert Ihr daraus?
Was zieht Ihr für einen Schluß daraus? Und so
behält der Dialog seinen Zusammenhang.

222 S. 20 Z. Bis die Parlamentsacte widerru=
fen ist: Kraft welcher mein Sohn enterbet wird, statt;
in welcher mein Sohn rc.

233 S. 1 Z. Und alle meine Anhänger kehren
dem siegenden Feinde den Rücken, und fliehen, wie
Schiffe vor dem Winde rc.

     J 3

And all my followers to the eger foe

Turn back, and fly like fhips before the Wind.

Z. A. Und alle meine Anhänger schlagen sich zu dem siegenden Feinde, und fliehen, wie Schiffe ꝛc.

Da ist wieder kein Sinn. Sie schlagen sich zum Feinde, und fliehen doch vor dem Feind, wie Schiffe vor dem Winde!

237 S. 22 Z. Wie? hat dein feuriges Herz dein Eingeweide so verbrennt, daß keine einzige Thräne ꝛc.

What, hath thy fiery heart fo parch't thine entrails,

That not a tear can fall &c.

Z. A. Wie? hat dein stolzes Herz dein Innres so hart gemacht, daß ꝛc.

261 S. 5 Z. Hier bin ich, um es mit dir, und dem stolzesten von deines Gleichen aufzunehmen.

Here I ftand to anfwer thee,

Or any he the proudeft of thy fort.

Z. A. Um es mit dir, und mit jedem deines Gleichen aufzunehmen.

263 S. 11 Z. Tausende haben heute gefrühstücket, die nicht eher zu Mittag essen werden, bis ꝛc.

A thoufand Men have broke their fafts to day,

That n'eer fhall dine &c.

Z. A. Tausende haben heute ihre Fasten gebrochen, die nicht eher zu Mittag ꝛc.

Das ist ja äusserst lächerlich!

274 S. 14 Z. Von London aus ward ich von dem Könige mit Gewalt weggenommen.

From London by the King was I preſt forth;

Z. A. Von London aus ward ich von dem Könige geworben und mitgenommen.

274 S. 17 Z. Von seinem Herrn gezwungen.

Preſt by his Maſter.

Z. A. Von seinem Herrn gepreßt.

313 S. 1 Z. Und die Zeit unterdrückt die Ungerechtigkeit. And time ſuppreſſes wrongs.

Z. A. Und die Zeit unterdrückt das Gefühl der Kränkungen.

316 S. 1 Z. Eine ausländische Pflanze, an external plant - -

Z. A. Eine ewige Pflanze = =

330 S. 4 Z. Und geringeren, als ich bin, ist ein solches Glück wiederfahren.

And meaner than myſelf have had like fortune.

Z. A. Und mein Glück war geringer, als ich selbst,

Das ist ja ganz widersinnisch.

330 S. 12 Z. Schmeichle ihrem Zorne nicht.

Forbear to ſawn upon their frowns.

Z. A. Kehre dich ja nicht an ihre mißvergnügten Blicke.

346 S. 1 Z. Und bitte Gott, daß ich wieder zu meiner Krone gelange.

And pray, that I may repoſſeſs the Crown,

Z. A. Und bitte Gott, daß er mir die Krone wie=
bergeben möge.

345 S. 18 Z. Eine demüthige Bitte, statt: ein
demüthiges Gebet.

366 S. 15 Z. Oder machte er den Spaß wider
seinen Willen?

Or did he make the jeſt againſt his will?

Z. A. Oder hat er ſich wider ſeinen Willen ver=
ſprochen?

396 S. 6 Z. Ich will deinen Leichnam in ein anb=
res Zimmer werfen, und triumphire du, Heinrich, am
jüngſten Tage.

I'll throw thy body in an other room,

And triumph, Henry! in the day of doom.

Z. A. Und dein Todestag, Heinrich, ſoll mir ein
Tag des Triumphs ſeyn. Wie verkehrt!

Ende des achtzehnten Bandes.

Troilus und Kreßida.

Neunzehnter Band.

15 S. 1 Z. Um die Schlacht anzusehen, gehen sie auf den östlichen Thurm, von dessen Höhe man das ganze Thal übersieht.

Up to th' eastern tower,
Whose hight commands as subject all the vale,
To see the fight.

Z. A. Nach dem östlichen Thurn hinauf, dessen Höhe das ganze Thal als ihm unterworfen beherrscht, um die Schlacht anzusehen.

15 S. 9 Z. Rüstete sich von Haupt zu Fuß, ꝛc.
He was harness-dight.

Z. A. Legte leichte Rüstung an ꝛc.

18 S. 3 Z. Heute wird er was tüchtigs niedermachen, das kann ich den Griechen versichern, und Troilus wird ihm nicht viel nachgeben.

And there's Troilus will not come far behind him.

Z. A. Und Troilus wird nicht lange nach ihm auch kommen.

29 S. 1 Z. Hätt' ich eine Schwester, die eine Grazie, oder eine Tochter, die eine Göttinn wäre, so sollt' er freye Wahl haben.

Had I a sister were a grace, or a daughter a Goddess, he should take his choice.

Z. A. Hätt' ich eine Schweſter, die eine Grazie, oder die Tochter einer Göttinn wäre, ſo ꝛc.

29 S. 5 Z. Und ich wette, wenn Helena ihn austauſchen könnte, ſo würde ſie noch Geld oben drein geben.

And I warrant, Helen to change, would give money to boot,

Z. A. So würde ſie ein Auge oben drein geben.

30 S. 12 Z. Auf meinem Witz, um meine Ränke zu vertheidigen.

Upon my Wit, to defend my wiles.

Z. A. Auf meinem Verſtande, um meinen Willen zu vertheidigen.

30 S, 18 Z. Pandarus. Nenne mir eine von deinen Schildwachen? Say one of your Watches.

Dieſe Frage iſt in der Z. A. gänzlich ausgelaſſen worden, und Kreſſida ſpricht zweymal hintereinander, ohne daß man weiß, was ſie ſagen will: die ausgelaſſene Frage aber des Pandarus kann es erſt verſtändlich machen.

30 S. 20 Z. O ja eben dafür will ich Wache halten, daß du keine erfährſt ꝛc.

Nay, I'll watch you for that &c.

Z. A. Nun ja, ich will dafür Wache halten ꝛc.

Iſt kein Sinn.

59 S. 1 Z. So ſprich denn, du ungeſtuberter Sauerteich, ſtatt: du ungeſalzener Sauerteich.

Speak then, you unwinnow'ſt leaven! iſt die beſte Lesart.

59 S. 6 Z. Dein Pferd wird eher eine Rede, als
du ein Gebet auswendig lernen.

Thy horse will sooner con an Oration, than
thou learn a prayer without book.

Z. A. Dein Pferd wird eher eine Rede auswendig
wissen, ehe du ein Gebet ohne Buch hersagen lernst.

71 S. 5 Z. Warum halten wir sie zurück? nem=
lich die Helena. Why keep we her?

Z. A. Warum halten wir uns hier auf?

Man beliebe das vorhergehende und folgende
der Rede Troilus zu lesen, so wird der Unsinn
von der Z. A. sehr deutlich einem jeden einleuchten.

97 S. 16 Z. Denn mein Anliegen ist siedend,
statt: dringend. Der Herr Prof. Esch. sagt in ei=
ner Note, das die Antwort des Bedienten unüber=
setzlich sey: Hier ist meine Uebersetzung:

For my business seethes.

Serv. Sodden business! there's a stew'd phrase
indeed.

Denn mein Anliegen ist siedend.

Bedienter. Ein siedendes Anliegen = = der Aus=
druck riecht nach der Küche.

104 S. 4 Z. Du wirst mehr ausrichten, als alle
Könige der Inseln! du wirst den grossen Hektor ent=
waffnen.

You shall do more)
Than all the island Kings, disarm great Hector.

J. A. Du wirſt mehr ausrichten, als alle Könige
der Inſeln; nimm dem großen Hektor die Waffen ab.

Mir iſt es unbegreiflich, wie man ſo überſetzen,
und den ſchönſten Gedanken verhunzen kann.

110 S. 16 Z. Unſer Kopf ſoll ſo lange unbedeckt
bleiben ꝛc.

J. A. Unſer Kopf ſoll ſo lange nackend gehen, bis ꝛc.

115 S. 18 Z. So treu wie Stahl, wie die Plane-
ten ihren Monden, ſtatt: wie die Pflanzen dem Monde.

Like Planets to their Moons: iſt die beſte Lesart
und ſo fällt die von Steevens angeführte Note
von ſelbſt weg.

143 S. 3 Z. Wollt er dich nicht ſchlaffen laſſen,
der unartige Mann der! a naughty Man.

J. A. Der nichtswürdige Mann der!

Das Wort n i c h t s w ü r d i g iſt hier ganz un-
ſchicklich angebracht; *naughty,* heißt unartig, und
wird nur von Kindern, und im Scherz von Er-
wachſenen geſagt.

162 S. 21 Z. Merke ſie dir, als eine leichtfertige
Beute für jede Gelegenheit. Set them down.

J. A. Setze ſie zurück ꝛc. als eine ꝛc.

Was heißt denn zurückſetzen? *to ſet dawn,* heißt
etwas niederſchreiben, oder anmerken.

171 S. 8 Z. Aber dieſe deine Geſtalt, die immer
in Stahl eingepanzert war, ſah ich niemals bis itzt.

But this thy countenance, ſtill lok'd in ſteel,
I never ſaw till now.

Z. W. Aber diese deine Gestalt, noch in Stahl eingepanzert, sah ich bis itzt niemals.

Wenn sie noch in Stahl eingepanzert war, so konnte er sie auch itzt nicht sehen.

177 S. 12 Z. Du krustige Beule der Natur, statt: du krustiges Gebäcke ter Natur.

195 S. 1 Z. Will er seinen eignen Augen nicht glauben?

Will he swagger himself out of his own eyes?

Z. A. Will er sich selbst um seine Augen prahlen?

220 S. 11 Z. Zürnet fort, ihr Himmel! zeigt eiligst euren Grimm. —— O! zeigt eure Gnade, und laßt eure Strafen kurz seyn, und laßt nicht unser gewisses Verderben langsam herbeyschleichen.

Frown on, you heav'ns, effect your rage with
    speed; ——
I say, at once, let your brief plagues be mercy,
And linger not our sure destructions on.

Z. A. Zürnt darüber, ihr Himmel, und zeigt eiligst euren Grimm. —— O! laßt eure kurzen Strafen auf einmal Erbarmung werden, und laßt nicht unser gewisses Verderben langsam herbeyschleichen.

Ende des neunzehnten Bandes.

König Richard III.

Zwanzigster Band.

27 S. 10 Z. Gut -- gut -- steck ein dein Schwert.

> Well -- well -- put up your sword.

B. A. Nimm hin dein Schwert.

37 S. 5 Z. Nie bracht' ich gegen Clarence
Den König auf;

> I never did incense his Majesty
> Against the Duke of *Clarence*;

B. A. — — Nie bracht' ich
Dem König Weihrauch dar, um gegen Clarence
Ihn zu empören;

> *Frank incense* heißt Weihrauch, *to incense* aber
> nichts weiter, als jemanden aufbringen, zum Zorn
> reizen.

53 S. 13 Z. Ich thu das Unrecht ꝛc.

> I do the wrong and &c.

B. A. Ich thu dir Unrecht ꝛc.

> Gloucester ist allein, und spricht mit sich selbst.

63 S. 23 Z. Schlag ihm mit dem Griff deines
Degens auf den Kopf — besser noch, auf den Sche-
del — und wirf ihn in das Weinfaß im nächsten
Zimmer.

> Take him over the Costard, with the hilt of
> thy sword, and then throw him &c.

B. A. Faß ihn beym Schopf mit dem Griff deines
Degens und wirf ihn ꝛc. Ist das verständlich?

64 S. 1 Z. O! der Einfall ist herrlich! — Und
da machen wir einen eingetunkten Bissen aus ihm.

O excellent device and make a sop of him.

Z. A. Und da rauchen wir uns dann ein Gesöff aus
ihm. Was das für Zeug ist!

96 S. 1 Z. Kleines Kraut ist lieblich, und grosses
Unkraut wächset schnell.

Small herbs have grace, great weeds do grow
apace.

Z. A. — — Kleines Kraut wächst schnell,
Und grosses Unkraut langsam.

Geradezu das Widerspiel.

96 S. letzte Z. Er konnt', als er zwey Stunden alt
war, schon
An einer Kruste nagen;

That he could gnaw a Crust at two hours old;

Z. A. Er konnt', als er zwey Stunden alt war, schon
Durch eine Kruste beissen;

111 S. 1 Z. Sein Gespötte über seinen Oheim
Zu mildern ꝛc.

To mitigate the scorn he gives his Uncle,

Z. A. — — Um den Zorn des Oheims
Zu mildern ꝛc.

118 S. 8 Z. Drum meldt er dir, daß diesen Tag
Der Königinn Verwandten, deine Feinde,
Zu Pomfret sterben sollen.

That this same very day your Ennemies,
The Kindred of the Queen must die at Pomfret.

Z. A. Drum meldet er dir, daß alle deine Feinde
Zu Pomfret sterben sollen.

120 S. 13 Z. — Und doch ſieheſt du, wie bald
Der Tag ſich ſchwärzt. —

But yet, you ſee, how ſoon the day o'ercaſt.

Z. A. — Und doch ſiehſt du, wie ſo bald
Das Spiel ſich wenden kann.

168 S. 11 Z. Haſt du wohl das Herz
Von meinen Freunden einen zu ermorden?

Catesby. Zwey Feinde lieber.

K. R. Dar'ſt thou reſolve to kill a friend of mine?
Tir. Pleaſe you, I'd rather kill two ennemies.

Z. A. Wenn's ſeyn ſoll; lieber aber doch zwey
Feinde.

Die Worte *pleaſe you*, heißen nicht, Wenn's
ſeyn ſoll; ſondern ſie bedeuten gar nichts, ſind
blos eine Formel, wenn ein Unterthan mit ſeinem
Herrn ſpricht: im übrigen entſchließe ſich Catesby
nicht einen Freund vom Richard zu ermorden;
ſondern antwortet kurz; lieber zwey Feinde.

206 S. 5 Z. Ratcliff, komm her —
Geſchwind nach Salisbury = = wenn du dahin kömmſt = =

Ratcliff, come hither, poſt to Salisbury,
When thou com'ſt thither —

Z. A. — — Wenn du von dort
Zurück biſt.

Das iſt keine Verwirrung mehr vom Richard,
ſondern das iſt Unſinn.

Ende des zwanzigſten Bandes.